Im Rücken der Amerikaner

Deutsche Fallschirmjäger im Kommando-Einsatz

von

Rudi Frühbeißer

IMPRESSUM

Genehmigte Lizenzausgabe 2013 für

Winkelried-Verlag
Postfach 160233
D-01288 Dresden
Tel./Fax 0700-33605144
www.winkelried-verlag.de

ISBN 978-3-944060-05-7

Druck

Kölle-Druck GmbH
Am Osttor 12
32361 Preußisch Oldendorf

*Dieses Buch
ist meinen gefallenen Kameraden gewidmet,
die den Kommando-Einsatz
hinter den amerikanischen Linien
mit ihrem Leben bezahlten:*

Fallschirmjäger-Oberfeldwebel Fritz Stoll
(Einsatzname: Douglas)
gef. am 21. Dezember 1944

*

Fallschirmjäger-Feldwebel Kurt Wiegand
(Einsatzname: Shank)
gef. am 21. Dezember 1944

*

Fallschirmjäger-Fähnrich Horst Vack
(Einsatzname: Carty)
gef. am 22. Dezember 1944

*

Fallschirmjäger-Leutnant Fritz Heinemann
(Einsatzname: McKensie)
gef. am 22. Dezember 1944

*

Fallschirmjäger-Leutnant Hans-Erich Meyer
(Einsatzname: Finch)
gef. am 22. Dezember 1944

Fallschirmjäger-Oberfeldwebel Franz Mader
(Einsatzname: Ashburn)
gef. am 22. Dezember 1944

*

Fallschirm-Oberjäger Horst Klein
(Einsatzname: Crouse)
gef. am 22. Dezember 1944

*

Fallschirmjäger-Oberleutnant
Ehrenreich Freiherr von Helmstorf zu Bennigenburg,
Führer der Kommandogruppe
(unter dem Einsatznamen: Clarke)
während der Rückfahrt seinen schweren Verletzungen
erlegen am 22. Dezember 1944

Ehre ihrem Andenken!

Rudi Frühbeißer
(Einsatzname: Breadfoud)

Zum Geleit

Als damaliger Chef der 1. Kompanie und späterer Führer des I. Bataillons des Fallschirmjäger-Regiments 9 darf ich zu diesem erschütternden Tatsachenbericht bemerken: Der Verfasser, Rudi Frühbeißer, war bereits Angehöriger unseres Regiments, als dieses in der „Hölle der Invasion" in der Normandie eingesetzt war. Nach zeitlicher Unterbrechung infolge Verwundungen kehrte er aber zur alten Einheit zurück, als diese unter der Führung des damaligen Oberstleutnants Freiherr Schenk zu Schweinsberg in den Niederlanden neu aufgestellt wurde. Nach vollendeter Wiederauffrischung wurde das Regiment westlich Düren eingesetzt und kurze Zeit später in den Bereitstellungsraum für die bevorstehende „Ardennen-Offensive" verlegt. Der Einsatz ließ nicht lange auf sich warten. Er kam zur Überraschung unserer Feinde so zügig voran, daß wir das Ruhelager der 99th US-Infantry-Division in Honsfeld im tiefsten Schlaf vorfanden. Entsprechend groß waren dann auch die Anzahl der Gefangenen und die Beute. Wenig später wurde ein Schützenpanzerwagen (SPW), in dem auch Frühbeißer saß, von einem Jagdbomber (Jabo) mehrfach angeflogen und beschossen. Nach dem

Kampf um Honsfeld kehrte Rudi Frühbeißer – wie viele andere Kameraden auch – nicht zur Kompanie zurück, so daß nach erfolglosen Nachforschungen die Vermißtenmeldung erstellt werden mußte.

Es war in den frühen Abendstunden des 24. Dezember 1944, als sich Frühbeißer in meinem Gefechtsstand in Faymonville in Gegenwart der Zugführer Kuhlbach, Schega und Diesing von einem „Sonderunternehmen" zurückmeldete. Hier und in weiteren Gesprächen erfuhr ich, daß dieser „Kommando-Einsatz" in amerikanischen Uniformen und im Rücken der amerikanischen Front abgelaufen war. Rudi Frühbeißer war als einziger lebend von dieser Aktion zurückgekehrt.

Aus dieser neun Mann starken Kommandogruppe sind also acht junge und tapfere Soldaten in den Ardennen geblieben. Ihnen, wie auch den vielen anderen Gefallenen und Vermißten aller Waffengattungen gilt unser Gedenken. – Uns Überlebenden mag es aber auch Verpflichtung sein! Dazu möge das von Rudi Frühbeißer verfaßte Buch beitragen. Ich wünsche dies aus vollem Herzen und dem Autor einen guten Erfolg.

gez.: Schiffke, Hauptmann a. D.

Am späten Nachmittag des 24. Dezember 1944, der wenig von einem „Heiligen Abend" ahnen ließ, hatten sich im kleinen Ardennendorf Faymonville im Gefechtsstand der 1. Kompanie des 9. Fallschirmjäger-Regiments die Zugführer zu einer Lagebesprechung beim Chef eingefunden. Es dämmerte bereits, und wir waren fast am Ende des Befehlsempfangs, als plötzlich der seit dem

Häuserkampf um Honsfeld als vermißt gemeldete Gefreite Rudi Frühbeißer aus Nürnberg im Türrahmen erschien und sich bei Hauptmann Schiffke (später Bataillonskommandeur) von einem „Sonderunternehmen" zurückmeldete.

Rudi Frühbeißer war in meinem Zug als Melder und Gefechtsschreiber eingesetzt gewesen; er galt trotz seiner Jugend seit den Tagen der Kämpfe in der Normandie (Sommer 1944) als erprobter Soldat und das, was man einen „pfiffigen Kerl" nennt. Über den Tagen seiner Abwesenheit – also der Zeit vom 17. bis zum 24. Dezember 1944 – hing noch lange ein mysteriöser Schleier, der allerlei Spekulationen Raum ließ. Besonders nach dem Kriege wurde in Kameradenkreisen viel darüber gemunkelt, daß Rudi Frühbeißer einer Kommando-Einheit hinter den amerikanischen Linien angehört haben sollte. Genaueres konnte man aber nicht in Erfahrung bringen; denn er sprach nun nicht mehr davon. Erst in den späten sechziger und Anfang der siebziger Jahre verdichtete sich das Gerücht zur Wahrscheinlichkeit, als er selbst auf den traditionellen Treffen des ehemaligen 9. Fallschirmjäger-Regiments entsprechende Andeutungen über den damaligen Einsatz machte. Es ist verständlich, daß er – zumal nach dieser langen Zeit – unverhohlener Skepsis begegnete. Aber wer sich die Situation nach Kriegsende noch einmal vor Augen hält, wird einsehen, daß Frühbeißer für die Jahre des Schweigens gute Gründe gehabt hat. – Lassen wir ihn deshalb selbst berichten.

gez.: Vinz Kuhlbach,
ehem. Fahnenjunker-Feldwebel

Die nachstehende Schilderung

berichtet vom Einsatz einer deutschen „Kommando-Gruppe" während der „Ardennen-Offensive" im Winter 1944/45. Es handelt sich dabei um Fallschirmjäger, die in amerikanischen Uniformen hinter der Front des Feindes eingesetzt waren. Der Verfasser dieses Tatsachenberichtes war selbst Angehöriger dieser neun Mann starken Gruppe, die im belgischen Hinterland unter den amerikanischen Soldaten, Versorgungseinrichtungen und militärischen Stäben der vor dem deutschen Großangriff zurückflutenden Einheiten Verwirrung, Schrecken und Verluste anrichtete. Bisher wurde in der veröffentlichten Literatur, in der die „Ardennen-Offensive" erwähnt wurde, der Einsatz dieser deutschen Kommandogruppen nicht beschrieben. Diese damals eingesetzten Kommandogruppen hatten jedoch – nach Aussagen ehemaliger amerikanischer Soldaten aller Dienstgrade – ihrer Armee einen nicht abzuschätzenden Schaden zugefügt. Die amerikanischen Truppen hatten plötzlich „an zwei Fronten" kämpfen müssen. Besonders jungen und frontunerfahrenen Truppen wurden dabei schwerste Verluste beigebracht. Im Gedenken an meine Fallschirmjäger-Kameraden habe ich als einziger Überlebender der „Kommando-Gruppe Ehrenreich" dieses Zeugnis abgelegt.

Rudi Frühbeißer

8

So fing es für mich an

Nach meiner zweiten Verwundung während des Einsatzes in der „Hölle der Invasion" kam ich nach mehreren Lazarettaufenthalten zum Ersatztruppenteil der Fallschirmjäger nach Stendal. Mit der Unterbringung der Soldaten war es aber schlecht bestellt. Die Genesenden-Kompanien waren bis zu 600 Mann stark. Jedes Feldbett wurde mit zwei Mann belegt. Der Kamerad, der mit mir das Lager teilte, war aus der 13. Geschütz-Kompanie meines Regiments. Unsere Tätigkeit bestand im wesentlichen daraus, auf unseren Marschbefehl, der uns wieder zur Feldeinheit zurückbringen sollte, zu warten. Es war ein warmer Herbsttag, an dem ich nach dem Mittagessen zwischen den Baracken entlangschlenderte, um einen kleinen Verdauungsspaziergang zu machen. Schon von weitem erkannte ich vier „Figuren", die nicht „in diese Landschaft" paßten: Verknautschte Schaftstiefel, Koppel mit runden Schlössern und schwarzen Spiegeln auf den Kragen feldgrauer Uniformen. Es waren offensichtlich Führer der Waffen-SS. Zwei von ihnen trugen außer vielen anderen Auszeichnungen, darunter die Nahkampfspangen, auch noch das „Spiegelei", wie im Landserjargon das „Deutsche Kreuz in Gold" bezeichnet wurde.

Wie von selbst nahm ich Kurs auf die rechte Seite der Lagerstraße, um im „erforderlich-gebührenden Abstand" vorbeizugehen. Zackig machte ich meine Ehrenbezeigung. Sie wurde sofort erwidert. Dann hörte ich gleich darauf hinter mir herrufen:

„Hallo, Fallschirmjäger – einen Moment bitte!"
Ich machte kehrt. Einer der Offiziere kam auf mich zu. „Sagen Sie, sind Sie nicht Rudi Frühbeißer aus Nürnberg?"

„Jawohl, der bin ich", war meine Antwort.

„Na Mensch, Rudi, erkennst du mich nicht?" hörte ich eine mir von früher her vertraute Stimme. Meine Freude war groß. Vor mir stand Wolfgang Koch, den ich aus der Hitlerjugend-Zeit kannte.

„Was machst du denn hier?" fragte ich, „du willst wohl bei uns das ‚Springen' lernen?"

Mein HJ-Kamerad trug die Rangabzeichen eines Obersturmführers; aber auch ich war inzwischen Gefreiter geworden. Nach einem kurzen Woher und Wohin fragte er mich dann, in welcher Baracke ich untergebracht sei. Ich nannte ihm die Nummern der Baracke und meines Zimmers.

„Ich komm' dich mal besuchen", sagte er beim Abschied.

Kurz darauf war ich in meiner Stube angekommen, und weil unser „Doppelbett" gerade frei war, nahm ich schnell noch einen kräftigen Schluck aus meiner „Geheim-Pulle" und legte mich hin, um eine Mütze voll Schlaf zu nehmen. Aber kaum war ich in Morpheus' Armen entschlummert, wurde ich durch das laute Rufen meines Namens wieder wach. Im Zimmer stand ein SS-Mann mit Stahlhelm und umgeschnallt:

„Bitte mitkommen", meinte er und ergänzte, als ich zur Tür ging: „Die ganzen Sachen mitnehmen."

Noch völlig schlaftrunken folgte ich seiner Aufforderung. Während ich mit ihm die Lagerstraße entlangging, blieb er auf meine Frage, wohin es denn gehe, stumm. Fast am Ende des Lagers standen an einer Baracke Posten der Waffen-SS mit umgehängter MPi. Mein Gedanke war, daß mein alter Kamerad „Sehnsucht" nach mir hatte und mich deshalb holen ließ. – Ich hatte aber zunächst falsch gedacht.

Der Posten betrat mit mir ein Zimmer, in dem ein Untersturmführer hinter einem Schreibtisch saß. Mein Abholer meldete: „Befehl ausgeführt, den Gefreiten Frühbeißer hergeholt!"

Der Offizier deutete auf einen Stuhl und bot mir Zigaretten an.

„Danke", sagte ich, „Nichtraucher."

Dann erhob sich mein Gastgeber und ging in ein angrenzendes Zimmer. Doch schon bald kam er zurück und forderte mich auf, ihm durch mehrere Räume zu folgen. In allen saßen SS-Männer und hatten offenbar fleißig zu tun. Dann stand ich vor dem Schreibtisch meines Kameraden Wolfgang Koch.

„Was soll denn der Zirkus?" fragte ich ihn halb belustigt und auch halb erleichtert; denn ich war froh, nun endlich wieder klarzusehen. „Du willst mich wohl mit aller Gewalt zur SS abwerben?" Ich tat erzürnt.

Ein Grinsen und Kopfschütteln war die Antwort. Er meinte dann:

„Entschuldige, aber ich wollte nur mal sehen, wie du wohl reagieren würdest!" Dabei zeigte er auf einen Stuhl.

Ich nahm Platz und harrte der Dinge, die nun noch kommen sollten.

„Bist du noch immer Nichtraucher und Antialkoholiker?" fragte er mich, während er sich bückte und aus dem Schreibtisch zwei Gläser holte. Aus einer Flasche, die echten Drei-Sterne-Cognac enthielt, goß er ein. Als eines überschwappte, meinte er trocken: „Mein Gast soll sich nicht übervorteilt sehen", und prostete mir zu.

Ich tat ihm Bescheid. Das „Zeug" war verdammt gut. Viel zu schade, um den Versuch zu machen, damit „ganze Völkerstämme auszumerzen". Dann kam er zur Sache und fuhr fort:

„Hör zu, ich habe mit dir eine sehr wichtige, vor allem geheime Angelegenheit zu besprechen."

„Mach keinen Quatsch", unterbrach ich ihn, „was soll es mit einem ‚Großdeutschen Fallschirmtruppen-Gefreiten' schon Geheimes zu besprechen geben?"

„Hand drauf, daß du mit niemandem darüber sprichst!" Ich stand auf und reichte ihm, der sich ebenfalls erhoben hatte, meine Hand. So standen wir geraume Zeit und blickten uns fest in die Augen.

„Setz dich!" Dabei schob er mir ein halbes bedrucktes Blatt über den Schreibtisch zu. „Lies das bitte."

Nach den ersten Zeilen schon schnürte es mir fast die Kehle zu. Da stand schwarz auf weiß, daß ich mit dem Tode bestraft würde, wenn ich das Geringste dieser Unterhaltung verlauten ließe. Ich bemerkte, wie mir die Handflächen naß wurden. Als ich den Kopf wieder hob, reichte Wolfgang mir einen Federhalter und meinte:

„So, nun unterschreib! – Wir kennen uns gut genug und wissen, was wir voneinander zu halten haben."

Dann ließ er „die Katze aus dem Sack":

„Machst du bei einem Sondereinsatz mit?"

Ich fragte zurück:

„Gegen die Russen?"

„Nein!" war die knappe Antwort, „Einsatz im Westen."

„Gut", sagte ich, „einverstanden!"

Erneut wurde mir ein Bogen vorgelegt, den ich mit persönlichen Daten ausfüllen mußte. Als ich auch dies unterschrieben hatte, gab ich das Blatt zurück. Mein Freund nahm einen roten Schnellhefter aus dem Regalfach und schrieb mit breiter Feder und Tusche auf die Außenseite:

Fallschirmgefreiter Rudi Frühbeißer, geboren am 22. Juni 1925 — Einheit: 1./Fallschirmjäger-Regiment 9 — Erkennungsmarken-Nummer: 217 444 — 53, Feldpostnummer: L 49 235-B — LGPA Unna.

Als ich dies alles sah, fragte ich herausfordernd und wie leichthin: „ . . . und meinen letzten Stuhlgang willst du gar nicht wissen?" – Dann lief es mir eiskalt über den Rücken, als ich das Nähere erfuhr:

Es seien Sonderkommandos vorgesehen, die in amerikanischen Uniformen im Rücken der Amis eingesetzt würden, um deren Front aufzubrechen und unserem folgenden Gegenstoß den Weg frei zu machen, so daß der Amerikaner und der Tommy in den Kanal gejagt werden könnten.

„Mit Sprungeinsatz?" fragte ich in seine Darstellung hinein.

Ein Schulterzucken war die Antwort. Auch der Zeitpunkt des Einsatzes konnte mir nicht genannt werden. Die Kommandos, die aus kleinen Gruppen bestünden, würden so eingekleidet und ausgerüstet, daß sie von keiner amerikanischen Einheit zu unterscheiden wären. Aus diesem Grunde müßte von jedem der Freiwilligen ein Foto in amerikanischer Uniform angefertigt werden.

Mein Gegenüber erhob sich und ging in das Nebenzimmer. Deutlich hörte ich dann: „Jawohl, Obersturmführer!" – Mein Kamerad kam zurück.

„Zieh deinen Knochensack, die Fliegerbluse und das

Hemd aus. Du bekommst jetzt andere Klamotten." –
Er schob mich in den Nebenraum.
Mit einem Blick übersah ich alles. Vor einer hellen Wand
stand ein Stuhl. Davor war eine Kamera zwischen Scheinwerfern aufgebaut. Dann ging's zack-zack!
Ehe ich mich versah, mußte ich ein Hemd anziehen, eine
Krawatte wurde mir umgebunden, und dann hielt mir
ein SS-Mann noch eine Jacke hin. Alles war in den Farben der Amis.
Ein anderer Soldat fettete mir die Haare mit Poma-
de und frisierte mich nach Ami-Art. Die Krawatte kam
„halb-schräg-links" zwischen die Knöpfe, dann wurde
der Rock zugeknöpft. Als ich nach einem Spiegel fragte,
wurde mir mitgeteilt, daß es hier keinen gäbe. Ich wagte kaum, an mir herunterzublicken. Wenn ich den Kopf
schon senken wollte, hob man ihn mir gleich wieder
hoch. So bemerkte ich nicht, daß ich in diesem Augenblick „befördert" worden war. Man gab mir eine kleine
Tafel, die ich wie ein Verbrecher, der fürs entsprechende
Album fotografiert werden sollte, mir vor die Brust halten mußte. Mehrmals hörte ich den Verschluß der Kamera klicken, dann verlöschte das Licht der Scheinwerfer.
Und ehe ich es richtig gewahr wurde, zog man mir fast
die Sachen vom Leib, und schon stand ich mit nacktem
Oberkörper in dem Raum, in dem mein Freund am Fenster lehnte.
„So, jetzt trinken wir noch einen", sagte er beruhi-
gend, während ich mich wieder anzog. Dann erzählten
wir uns noch einige Dinge über unser persönliches Ergehen, und so erfuhr ich, daß Wolfgang als Kompaniechef bei einem Einsatz an der Ostfront einen doppel-
ten Lungenschuß abbekommen hatte, der seine erneute
Verwendung im unmittelbaren Fronteinsatz unmöglich
machte.

14

Mich bewegte aber vielmehr meine Meldung zu dem Sonderkommando. Als ich erklärte, daß ich nur soviel Englisch spreche, um einem Ami gegebenenfalls beizubringen, daß ich ihn in Gefangenschaft zu nehmen gedenke, wurde abgewinkt.

„Keine Sorge! Für jede Einsatzgruppe sind mehrere Kameraden vorgesehen, die die englische Sprache in Wort und Schrift einwandfrei beherrschen."

Auch andere, mir noch unklare Dinge wurden sofort ausführlich erörtert. Während ich mir noch einen Cognac einschenkte, hob mein Gesprächspartner den Telefonhörer ab und sagte:

„Macht mal einen Marschbefehl fertig für den Gefreiten Frühbeißer. Vorname Rudi. Zielort: Enschede in Holland."

Ich konnte nur noch mit dem Kopf schütteln. Das ging hier alles so unkompliziert vor sich. Schon kurz darauf öffnete sich die Tür, und ein Unterscharführer legte wortlos den Marschbefehl auf den Tisch. Mein Kamerad erhob sich, ging zum Spind und angelte eine weitere Pulle edlen Gesöffs heraus:

„Für dich!" sagte er und fügte dann hinzu: „Hals- und Beinbruch!"

Bald stand ich auf dem dämmerigen Flur. Ein SS-Mann forderte mich auf, mich in einer anderen Barakke zu melden. Und, wie es der Zufall so wollte, traf ich dort meinen früheren Spieß aus der 1. Fallschirmjäger-Kompanie, den Hauptfeldwebel Weitze. Die Freude über unser Wiedersehen war groß. Nach dem üblichen „Wie geht's" und „Wie steht's" stellte sich heraus, daß er beauftragt war, jeden ehemaligen Regimentsangehörigen zur alten Einheit in Marsch zu setzen, sobald er wieder einsatzfähig war. Und weil bei mir nicht nur dies zutraf, sondern ich sogar schon einen Marschbefehl in der Tasche hatte, wurde mir gleich der Auftrag erteilt, noch zwanzig junge Fallschirmjäger, die gerade von der Springerschule Wittstock an der Dosse gekommen waren, wo sie ihre sechs Pflichtsprünge abgeleistet hatten, zum Regiment mitzunehmen. Von meiner Meldung zum Sondereinsatz konnte ich ihm ja nichts sagen.

Während der Eisenbahnfahrt wurde unser Transportzug mehrmals von amerikanischen Jagdbombern angeflogen. Die Lok erhielt jedoch keinen Treffer.

In Almeloo meldete ich mich bei meinem neuen Kommandeur, der mit einigen Offizieren binnen kürzester Frist das 9. Fallschirmjäger-Regiment förmlich aus dem Boden gestampft hatte. Es war der Oberstleutnant Gundolf Freiherr Schenk zu Schweinsberg. Ich kam wieder in meine alte 1. Kompanie, die von Hauptmann Schiffke geführt wurde, der schon mit uns in der Normandie im Einsatz war.

Eines Morgens kam ein Korps-Befehl: Fronterfahrene Fallschirmjäger sollten zu einer Kampfgruppe gemeldet werden. Dem Oberbefehlshaber der Fallschirmtruppen, Generaloberst Student, lag der alliierte Angriffsplan vor, der in einem feindlichen Lastensegler gefunden worden war. Das bisher größte Luftlande-Unternehmen der Kriegsgeschichte war unter dem Decknamen „Market Garden" in den Morgenstunden des 17. September 1944 angelaufen.

Unsere Abwehrtruppe trug die Bezeichnung „Kampfgruppe Meindl", den Namen des Kommandierenden Generals des II. Fallschirmjäger-Korps. Der Einsatzraum lag westlich des „Reichswaldes" im Gebiet südlich des holländischen Ortes Groesbeek. Von Panzern der 10. SS-Panzerdivision „Frundsberg" unter SS-Brigadeführer Harmel unterstützt, wurde unser Angriff auf die bewaldeten Höhenzüge nahe dieser Ortschaft vorgetragen und traf mit voller Wucht auf die gerade gelandeten Fallschirmjäger des amerikanischen 505th Regiments. Einer unserer Gruppen gelang es sogar, bis in das eingerichtete Hauptquartier des Kommandeurs der 82th US-Aireborne-Division, General Brownings, vorzustoßen und ihn mit seinem Stab gefangenzunehmen.

Die Beute an Waffen, Verpflegung und Munition war groß, insbesondere, weil das meiste im schweren Feuer der deutschen Flak-Batterien falsch abgesetzt worden und deshalb innerhalb unserer Stellungen niedergegangen war.

Am 25. September wurden wir wieder aus der „Kampfgruppe" entlassen und kamen zu unseren Stamm-Einheiten zurück. Im November kam dann unser 9. Fallschirmjäger-Regiment am Rande des berüchtigten „Hürtgenwaldes" bei Aachen, westlich von Düren, im Raum Langerwehe, Luchem, Lucherberg, zum Einsatz. Am 10. Dezember wurden wir aber wieder aus dieser Front herausgezogen und im Eilmarsch in die Eifel verlegt. – Von meinem Kommando-Einsatz hatte ich bis jetzt nichts wieder gehört. Ich befürchtete schon, daß man mich wegen der dauernden Verschiebung unserer Truppe nicht wiederfinden könnte.

Einsatz im Rahmen der „Ardennen-Offensive"
(16. Dezember 1944)

Im Laufe der Nacht traf der Befehlshaber der VI. SS-Panzer-Armee, SS-Oberstgruppenführer Sepp Dietrich, auf dem Gefechtsstand des Fallschirmjäger-Regiments 9 ein. Oberst i. G. von Hoffmann, der derzeitige Regimentskommandeur, wurde in den Angriffsplan eingewiesen. Inzwischen marschierte das Regiment bereits auf der Vormarschstraße in die Eifel. Immer wieder ertönte es von hinten: „Rechts ran!" und dann brausten Panzer und Selbstfahrlafetten an uns vorbei, die vorgezogen wurden. Manchmal konnte man das In-Stellung-Gehen von Geschützen verfolgen, wenn es unweit unserer Straße vor sich ging. Richtwerte und Kommandos waren dann zu hören.
Eine Stunde vor der X-Zeit des Angriffs hatte unser I. Bataillon, das von Oberstleutnant Freiherr Schenk zu Schweinsberg geführt wurde, folgende Kampfstärke:

Bataillonsstab:
3 Offiziere, 17 Unteroffiziere und Mannschaften;

Nachrichtenzug:
1 Offizier, 36 Unteroffiziere und Mannschaften;

Kampfzug: 35 Unteroffiziere und Mannschaften;

1. Kompanie:
1 Offizier, 81 Unteroffiziere und Mannschaften;

2. Kompanie:
2 Offiziere, 95 Unteroffiziere und Mannschaften;

3. Kompanie:
1 Offizier, 87 Unteroffiziere und Mannschaften;

4. Kompanie:
1 Offizier, 131 Unteroffiziere und Mannschaften.

Gesamtstärke:
9 Offiziere, 482 Unteroffiziere und Mannschaften.

Nach einiger Zeit verließ unsere (1.) Kompanie die Straße und bog nach links ab. Sie blieb gegenüber der Höhe 574 stehen. Wir versammelten uns im Halbkreis um unseren Kompaniechef, Hauptmann Schiffke, der die Zugführer zu sich bat und dann mit ihnen etwas abseits zur Besprechung blieb. Dabei übergab er meinem Zugführer, dem Fahnenjunker-Feldwebel Kuhlbach, einem alten „Italien- und Normandiekämpfer", einen größeren Brief.
Dann kamen die Zugführer wieder zurück, und unmerklich rückte der ganze Haufen näher zusammen. Im Schein einer abgedunkelten Taschenlampe öffnete Kuhlbach den Umschlag. Es waren einige Karten und mehrere beschriebene Blätter darin. Das war also der große Geheimbefehl! Man spürte förmlich die Spannung, die in der Luft lag, knistern:
„Los, Vinz, fang schon an – wir sterben vor Neugierde!"
Der Zugführer begann zu lesen:
„Fallschirmjäger-Regiment 9 –
Befehl Nr.: 54 vom 16.12.1944 –
Tagesbefehl des Oberbefehlshabers West:
‚Soldaten der Westfront! — Eure Stunde hat geschlagen! Starke Angriffsarmeen sind heute gegen die Anglo-Amerikaner angetreten.

Mehr brauche ich Euch nicht zu sagen. Ihr fühlt es alle. Es geht ums Ganze!

Tragt in Euch die heilige Verpflichtung alles zu geben und Übermenschliches zu leisten für unser Vaterland und unseren Führer!

Der Oberbefehlshaber West
von Rundstedt — Feldmarschall'
O.B. West — Ia Nr. 10697/44 geheim — 16.12.1944."

Dann folgten die Einzelbefehle für die 3. Fallschirmjäger-Division insgesamt und unser 9. Regiment im besonderen. Ein Blick auf die Armbanduhren ließ uns erkennen, daß wir noch zehn Minuten Zeit bis Angriffsbeginn hatten.

Die Kompanie hatte sich wieder mit Blick nach Westen formiert. Vor Erregung fror uns, und einige junge Fallschirmjäger klapperten mit den Zähnen, so daß man es hören konnte. Ich dachte dabei an die Gliederung unserer Heeresgruppe B, in deren 6. SS-Panzer-Armee wir einbezogen waren zusammen mit so berühmten Einheiten wie dem I. SS-Panzer-Korps mit der 1. SS-Panzer-Division „Leibstandarte Adolf Hitler" und der 12. SS-Panzer-Division „Hitler-Jugend", dann dem II. SS-Panzer-Korps mit der 2. SS-Panzer-Division „Das Reich" und der 9. SS-Panzer-Division „Hohenstaufen".

Dann standen die Zeiger auf 05.29 Uhr. – Überall im Bereich der Angriffsfront erschallten kurze Kommandos. Gespenstisch richteten sich die Rohre der Geschütze in den Himmel. Die letzten Sekunden liefen ab – noch 30 — — — 20 — — — 10 — — 5 — 4 — 3 — 2 — 1 — „Feuer!"

Fast einem einzigen Abschuß gleich brüllten die Mündungen vieler tausend Kanonen, Haubitzen und Werfer los.

Hinter den wartenden Fallschirmjägern war es im Osten vom Aufblitzen der Mündungsfeuer fast taghell. Wie Automaten arbeiteten die Lade- und Richtkanoniere. Unmengen an Munition lagen bereit, Tod und Verderben in das feindliche Hinterland zu tragen. Es trommelten die Artillerie und Flak. Tausende von Händen bewegten sich in immer wieder den gleichen Griffen: Zünder einstellen, Granaten einschieben, Verschlußkeile zuwerfen, Abzüge auslösen ...

So ging dieses Inferno, das von Monschau im Norden bis nach Echternach im Süden reichte, los.

Schon längst war das Bedienungspersonal der Geschütze in Schweiß gebadet und vom Pulverschleim geschwärzt; doch die Arbeit ging immer weiter. Die Luft zitterte. Jeder spürte es. Das Dröhnen machte es unmöglich, einander etwas zuzurufen. – Wie lange würde dieser Feuerzauber anhalten?

Nun sollte auch der Ami einmal am eigenen Leibe erfahren, was uns durch seine Artillerie in der Normandie beschert worden war. Genugtuung breitete sich aus. Wir „Alten" warteten darauf, daß die feindlichen Batterien zurückschießen würden. Oder hatte diese Feuerwalze die amerikanischen Geschütze in den Boden gestampft? Schlag 06.00 Uhr hörte dann dieser Höllenspektakel auf!

„Sturm!" rief es in die plötzliche Stille hinein. Im Laufschritt setzten wir uns in Trab.

Auf einmal wurde das vor uns liegende Gebiet in ein milchig-weißes Licht getaucht. Aus Hunderten von Scheinwerfern wurde ein künstliches Mondlicht geschaffen. Die Kompanie stürmte vorwärts. Noch immer warteten wir darauf, daß es von drüben her knallte. Doch kein Laut kam von der anderen Seite.

Dann erreichten wir eine Straße, die quer zu unserem Angriff verlief. „Das ist die belgische Grenze", rief einer. Weiter ging es. Wir erreichten einen schmalen Weg, und auf ihm ging es einer Anhöhe zu. Der kleine Ort Hergersberg wurde erreicht. Rechts vor uns brummten laut Panzermotoren. Wir waren auf der Hauptvormarschstraße angekommen. Halbrechts davon erkannten wir das belgische Zollhaus. In vielen Windungen schlängelte sich die Straße in ein Tal. Plötzlich gab es vor uns einen gewaltigen Knall. Ein eigener Panzer war auf eine Mine gefahren. Die Straße, die wieder rechts abging und der wir folgen mußten, war also vermint. Es trat für uns eine Pause ein, und wir studierten beim Chef die Karte. Wir befanden uns an der Abzweigung der Straße, die vom Losheimergraben kommt und nach Manderfeldt führt. Unser erstes Angriffsziel war der Ort Hüllscheid, der hinter einem Berghang lag, auf dem eine Mühle stand.

Langsam begann es zu tagen.

Eine Gruppe des Zuges Kuhlbach ging sichernd an beiden Straßenrändern vor. Von den Amis war noch immer nichts zu sehen. Als wir die Mühle passiert hatten, kam das Zeichen an die Gruppe, sich an die hohe Tannenreihe, die links an der Straße stand, zu halten. Ein schweres MG hämmerte los – Granatwerfereinschläge lagen auf dem Ort.

Fahnenjunker-Oberjäger Vogt, der von der Flugzeugführerschule gekommen war und sich neben mich niedergekauert hatte, bekam einen Schuß in den Hals. Schnell zog ich ihn in das gegenüberliegende Gebäude. Der Schuß war genau in den Kehlkopf gegangen.

Peng! – Eine Pak schoß mitten durch das Haus. Fetzen und Steine flogen durch die Luft. Der Gruppenführer,

Oberjäger Lassek, wurde tödlich getroffen. Den Sani unserer Kompanie hatte es auch erwischt.

Hauptmann Schiffke schickte einige Männer in das vordere Haus, weil, wie er meinte, von dort aus bessere Sicht sei. Die erkannten auch bald einen Ami, der in einem großen Baum saß. Mit einem Gewehrgranatgerät wurde auf ihn geschossen. Er fiel aus dem Geäst heraus.

Das II. Bataillon griff vom Backelsberg, der hinter Hüllscheid liegt, das Dorf Merlscheid an. Immer wieder hörte man das helle Aufbellen einer Pak, die in den Ort hineinschoß. Der Karte nach mußte sie an der Straßenkreuzung stehen, die nach rechts in Richtung Lanzerath und links nach Hasenvenn führt.

Als es dann nach einiger Zeit gelang, wieder vorwärts zu kommen, fanden wir an einer Straßenbiegung einen Funktrupp. Er gehörte zum Nachrichtenzug des II. Bataillons. Einige Funker waren tot, alle anderen schwer verwundet. Auch der Melder unseres I. Bataillons, der Obergefreite Heidkamp, wurde hier an der rechten Hand verwundet. Dennoch brachte er seine Befehle und Meldungen durch, so daß deshalb noch keine Störung eintrat.

Feldwebel Schega drang mit einer Gruppe durch ein Loch in ein Haus und konnte so ein amerikanisches MG ausschalten. Weiter ging es, und Merlscheid wurde erreicht. Man konnte noch sehen, daß hier die Amis gehaust hatten. Überall stand ihre Verpflegung herum. Auch Waffen, Munition und Ausrüstungsgegenstände wurden die Beute der deutschen Fallschirmjäger. Für die Raucher brachen „herrliche Zeiten" an.

Eine Gruppe der 15. Kompanie, die in einem Haus des Ortes Hüllscheid lag, wurde durch einen Volltreffer ausgelöscht. Der Stabsgefreite Hermann, der Obergefreite

Konrad sowie die Jäger Wittig, Pfau und Mittelmann waren sofort tot. In Merlscheid fiel der Jäger Hildebrandt von der 14. Kompanie durch einen Kopfschuß, der aus nächster Nähe abgegeben worden war.

Das II. Bataillon des Majors Taubert hatte inzwischen die Straße, die nach Lanzerath führt, überquert. Das I. Bataillon folgte einem schmalen Weg und erreichte über einen Hang ebenfalls Lanzerath. Der Ort bestand aus 23 Häusern und einer Kirche. An zwei Seiten wurde er von einem hohen Tannenwald eingefaßt. Hier kam es mit zurückgebliebenen amerikanischen Kräften zu einem schweren Kampf, zum Teil von Haus zu Haus.

Als unsere 1. Kompanie sichernd und schleichend im Straßengraben vorging, erfolgte ein entsetzlicher Knall. Hauptmann Schiffke hatte es dabei erwischt. So schnell es ihm noch möglich war, robbte er von der Fahrbahn weg und ließ sich in den Graben rollen. Der Sanitätsfeldwebel Otto versorgte den Verwundeten. Der Chef hatte noch einmal Glück im Unglück gehabt; es war ein glatter Armdurchschuß.

Dann hatten auch die 2. Kompanie unter Hauptmann Fick und die 3. unter Hauptmann Woitscheck in den Ortskampf eingegriffen. In meiner unmittelbaren Nähe traf es meinen alten Kameraden aus der Normandiezeit, den Oberjäger Kölker, in den Oberschenkel. Aber trotz seiner Verletzung konnte er noch halbwegs gehen. Der Wiener Oberjäger Bradel wurde tödlich getroffen. Wir betteten ihn an den Straßenrand. Der Waffen-Oberjäger Federowski und der schon an Jahren ältere Oberjäger Winter, der bereits mit unserem Kommandierenden General Meindl in Rußland im Einsatz war, wurden hier auch verwundet. Das war eine „eisenhaltige Gegend". Kaum kam man mit dem Kopf über den

Rand des Straßengrabens, krachte es auch schon, und die hellrote „Knallerbse" zischte über einen hinweg. So blieben wir also vorerst im tiefen Schnee liegen und warteten ab. Irgendwie würde es uns schon gelingen, die Amis anzugreifen und in die Flucht zu schlagen. Die 2. Kompanie unternahm dann mit ihrem Chef an der Spitze einen Sturmangriff auf eine kleine Waldparzelle, die links der Straße lag. Laut dröhnte das „Hurra"-Gebrüll, das diesen schnellen Angriff begleitete, zu uns herüber. Die Amis waren nun in diesem Abschnitt schnell überrumpelt; aber der schneidige Zugführer, Fahnenjunker-Oberfeldwebel Quator, ließ dabei sein Leben.

Inzwischen war es so hell, daß sich die Fallschirmjäger in ihren getarnt-gefleckten Knochensäcken deutlich als Zielscheiben auf dem Schnee abhoben. Und so erlaubten sich die Amis auch hier – wie schon im Sommer beim Einsatz in der Normandie – wieder ihr altes, uns schon bekanntes „Gangsterstück" und schossen auf die Sanitäter der 3. Kompanie, die ihre im Gelände liegenden Verwundeten versorgen wollten. Mit gezielten Kopfschüssen trafen sie einen nach dem anderen. Und das, obwohl die Sanis unserer Fallschirmjäger durch das „Rote Kreuz", das sie auf einem Brusttuch sichtbar trugen, weithin kenntlich waren. Außerdem hatten sie noch am Tornister einen längeren Alustab, in dessen Rahmen die „Rote-Kreuz-Flagge" auffällig zu sehen war. Auf diese Weise verlor die 3. Kompanie ihr gesamtes Sanitätspersonal. Als Reaktion auf diese Hinterhältigkeit ertönte bei uns der Schrei über die Schneefläche: „Kein Ami wird gefangengenommen!"

Der Kampf konzentrierte sich dann um die in der Nähe der Kirche stehenden Häuser. Aus allen Fenstern knallte es. Auch aus denen der kleinen Kirche wurde ständig auf uns Fallschirmjäger geschossen. Als ich mit Willi Kölker und Heinz Federowski als Sicherung zurückblieb, gerieten wir in einen nicht zu beschreibenden Feuerhagel. Deckung war nicht möglich. Straßengräben gab es hier inmitten des Dorfes nicht mehr. Dann endlich hatten wir uns zu dem ersten Haus, das der Kirche am nächsten stand, einen Weg freigeschossen. Handgranaten flogen in die Fenster, und das Feuern hörte auf. Trotz der Verwundungen, die Kölker und Federowski hatten, räucherten wir zu dritt das Haus aus. In den Zimmern fanden wir dann mehrere tote und verwundete Amerikaner. Wir nahmen ihnen die Waffen ab und durchsuchten sie nach Handgranaten und Munition. Als wir das Haus wieder durch ein Fenster verließen, eröffnete ein MPi-Schütze der Amis auf mich das Feuer. Hinter einem Holzstoß fand ich schnell eine gute und sichere Deckung.

Gleich darauf sprang dann auch ein Zugführer der 3. Kompanie, der Oberfeldwebel Hansen, den ich ebenfalls aus dem Normandie-Einsatz kannte, neben mich. Mit den aufgesammelten Maschinenwaffen eröffneten wir einen geballten Feuerzauber auf die amerikanischen Schützen, die von den umliegenden Fenstern aus auf unsere Kameraden schossen. Dem Oberjäger Hödl gelang es, unverletzt die Eingangstür der Kirche zu erreichen. Er befestigte zwei große amerikanische Sprengsätze, die wie Feldflaschen aussehen, an die Klinke der Kirchentür und zog die Ladung ab. Eng an die Wand gepreßt blieb er dann stehen. Mit einem mächtigen Krach flog die Tür aus ihrer Halterung. Gleich hinterher sausten einige deutsche Stielhandgranaten und erbeutete Eierhandgranaten in das Innere der Kirche.

Laute Schreie drangen heraus.

In englischer Sprache rief ein Fallschirmjäger, daß die

Amis einzeln und ohne Waffen mit erhobenen Händen aus der Kirche kommen sollten. Eine in die Luft gefeuerte Garbe aus einer MPi untermauerte die Aufforderung. Als sich der Staub verzogen hatte, stand plötzlich ein kleiner Amerikaner in der Türöffnung, beide Hände über dem Helm gefaltet. Es handelte sich um einen Offizier. Der Oberfeldwebel Zalikowski winkte ihn zur äußeren Seitenwand des Gebäudes. Dort blieb er dann auch mit dem Rücken zur Mauer stehen. Als ich bei ihm war, kniete er plötzlich nieder, faltete die Hände und bat, ihn nicht zu erschießen, denn er hätte gerade heute seinen 21. Geburtstag. Ich schüttelte mit dem Kopf und forderte ihn auf, sich zu erheben. Wie sich aus seiner ID-Karte ersehen ließ, die er aus der Brusttasche seiner Uniform fingerte, handelte es sich um den Firstlieutenant Lyle J. Bouck jr. aus Sankt Louis/Missouri.

Nach und nach kamen auch die anderen Amerikaner aus der Kirche. Sie schleiften und führten ihre verwundeten Kameraden mit. Inzwischen war der Widerstand im Ort gebrochen, und wir hatten Zeit, uns um unsere Gefangenen zu kümmern. Es waren der Technische Sergeant Slape, die Sergeanten Dustman und Redmond, die Corporale McGehee jr. und Jenkings, der T/3 Lambert und der T/4 Fort, die Pfc. Fernandes, Francovich, James, Milosewich und Robinson. Dazu wurden die Soldaten Adams, Greghar, Baasch, Kalil, Leopold und McConnel notiert. Zalikowski brachte die Amerikaner, bei denen es sich um Angehörige des 394th US-Infantry-Regiments der 99th US-Infantry-Division handelte, in das Café in Lanzerath, in dem eine Gefangenensammelstelle eingerichtet worden war. Dort nahm sich unser Bataillonsarzt, Dr. Dr. Kahle, auch der verwundeten Amerikaner an.

Bis zum Einbruch der Dämmerung blieb die 1. Kompanie bei den Häusern am Rande der Straßenböschung stehen. Nur einige Gruppen gingen weiter vor, um die Straße, die zum Losheimergraben führt, zu sichern. Mein Zugführer Kuhlbach, Karl Lenz sowie der Melder Heß und ich wagten es dann, im geschlossenen Sprung die andere Straßenseite zu erreichen. Abwartend blieben wir im tiefen Schnee liegen. Als nichts passierte, sprangen auf einen Wink des Chefs alle Männer der Kompanie auf einmal über die Straße. Im tiefen Graben schlichen wir dann sichernd weiter vor. Der aufgegangene Vollmond beleuchtete uns den Weg. Bald machten wir in kurzer Entfernung eine Wegegabelung aus. Das war die Kreuzung, die nach rechts durch den Wald zum Eisenbahnhaltepunkt Buchholz mit dem sich dort befindlichen Sägewerk und dem Forsthaus führte.

Auf Kommando wechselten wir wieder auf die rechte Straßenseite und liefen unter den Bäumen weiter. Auf einmal wurde aus etwa zehn Meter Entfernung mit einem schweren MG das Feuer auf uns eröffnet. Sofort lag alles flach. In einer Feuerpause lauschten wir, ob jemand nach Hilfe riefe. Aber wir hatten keine Verluste. Auf das Kommando des Chefs sprang alles wieder in den anderen Straßengraben, und vorsichtig zogen wir uns zurück.

Als wir anhielten und Sicherungsposten ausgestellt hatten, fragte der Chef:

„Verlustmeldung?"

Jeder guckte seinen Nebenmann an. Bis auf den Oberjäger Lenz waren alle da. Einige hatten gesehen, daß er – als das amerikanische MG zu feuern begann – in den Wald hineingesprungen war. Weil man die Unverwüstlichkeit dieses Mannes aber kannte, tröstete man sich und meinte, der käme bestimmt bald wieder.

„Wenig später hatten wir wieder die Häuser von Lanzerath erreicht. In den vier Zollgebäuden bezog unsere Kompanie Unterkunft. Posten wurden aufgestellt, die zur Straße und zum Waldrand zu sichern hatten, um so den Schlaf der Kameraden zu schützen. Nach etwa zwei Stunden kam ein Posten zum Chef und meldete, daß jemand auf den Dorfrand zugeschlichen käme, der immer wieder im Straßengraben stehenblieb. Kuhlbach ging sofort mit zwei Mann los. Den „Anschleicher" wollten sie sich schnappen.

Als die Figur dann näher kam, konnten sie deutlich die runde Form des deutschen Fallschirmjägerhelms erkennen. Das konnte also nur der Lenz sein, der das schwere MG mit sich schleppte. Im Keller „baute er dann auch sein Männchen" und sagte zum Chef:

„Herr Hauptmann, ich melde mich vom ‚Betriebsausflug mit einem Fundgegenstand' zurück!"

„Glück gehabt!" meinte der Chef und klopfte ihm auf die Schulter.

Lenz erzählte dann, er sei hinter einem dicken Baum, zu dem er hingesprungen war, als das MG zu hämmern anfing, stehengeblieben. So habe er auch unseren Rückzug beobachtet, ohne sich jedoch anschließen zu können. Nach einiger Zeit habe er verstehen können, wie sich die Amis unterhielten, ob sie wohl auch getroffen hätten. Weil er, Lenz, aber nur etwa drei Meter von dem MG entfernt stand, hätte ihn auf einmal „der Teufel geritten" – wie er meinte – und wäre mit einem fürchterlichen Schrei hinter dem Baum hervorgetreten, immer den Finger am Abzug seiner MPi auf das MG los, habe es an sich gerissen, damit kehrt zum Waldrand gemacht, um zunächst erst einmal im Dunkel der Straßenböschung unterzutauchen. Da aber war er dann erst einmal selber von seinem Geschrei erschrocken, das in dem dichten Tannenwald so schauerlich geklungen hätte. –

Für uns blieb die Nacht dann ruhig. Aber Melder kamen und brachten dem Kompaniechef die Mitteilung, daß das I. Bataillon verhalten müsse, da es weit über das geplante Tagesziel hinaus vorgestoßen sei und nun „in der Luft hinge", weil die Nachbareinheiten erst aufrücken müßten. Über diesen Erfolg freuten wir uns alle. Später kam auch noch der Bataillonskommandeur und erkundigte sich nach der Lage und dem Ergehen der Truppe.

Nach Mitternacht meldeten die Posten dann, daß aus der Richtung, aus der wir gekommen waren, starkes Motorengebrumm zu hören sei. Sofort wurde die Kompanie alarmiert, und innen und außerhalb der Häuser gingen wir in Stellung. Im Morgengrauen konnten wir dann durch die Ferngläser erkennen, daß sich auf der Straße von Hüllscheid ein riesiges, schwarzes Ungeheuer bewegte. Keiner von uns hatte schon jemals einen derartig großen Panzer gesehen. Vor dem Gasthaus in Lanzerath hielt der „dicke Brocken" an. Sein Kommandant kletterte aus dem Turm herunter. Wir erkannten in ihm den Träger des Eichenlaubs mit Schwertern zum Ritterkreuz, den Kommandeur des Panzerregiments der Leibstandarte, SS-Obersturmbannführer Jochen Peiper. Er war der Führer einer Panzer-Kampfgruppe und begab sich zu einer Besprechung mit unserem Kommandeur in den Gefechtsstand des 9. Fallschirmjäger-Regiments. Es sprach sich bis zu uns herum, daß es zwischen den beiden Kommandeuren zu einer schweren Auseinandersetzung gekommen war. Peiper hatte verlangt, daß die Fallschirmjäger, aufgesessen auf die Panzer, seine Vorausabteilung begleiten sollten. Oberst von Hoffmann sagte ihm aber nur die

Sicherung der Panzer während der Fahrt durch den Forst von Buchholz bis zur nächsten Ortschaft zu. Als Peiper merkte, daß er bei dem alten Generalstäbler auf Granit biß, gab er sich damit zufrieden. Dann kam für uns der Befehl zum Aufsitzen, und ich kletterte mit meinen alten Kameraden gleich auf den ersten Panzer. Es waren alles „Königstiger" in dieser Abteilung. Jedes Fahrzeug brachte seine 90 Tonnen Gewicht, und ausgerüstet waren sie mit der überlangen 8,8-cm-Kanone, dem gleichen Geschütz, das von der Flak her bekannt war.

Es wurde angefahren. Als wir eine Straßenabzweigung erreichten, an der ein einzelnes Haus stand, sahen wir davor mehrere Jeeps mit laufenden Motoren. Sofort sprangen einige Fallschirmjäger ab, drangen in das Gebäude ein und nahmen einen Oberst, seinen Exekutiv-Offizier sowie einen Major fest. Noch ehe sie recht begriffen hatten, was eigentlich los war, hatten wir sie schon entwaffnet. Das ging alles sozusagen „im Vorbeigehen".

An der nächsten Straßenkreuzung vermischten wir uns plötzlich mit amerikanischen Fahrzeugen. Ohne daß die Amis es merkten, schoben sich unsere Panzer in die zurückflutende Kolonne ein. Leider hatten wir es nicht mehr gesehen, was die Amis für Augen gemacht hatten, als es Tag wurde. Wir waren noch vorher von den Panzern abgesprungen und in die Häuser der inzwischen erreichten Ortschaft eingedrungen. Hier wimmelte es nur so von amerikanischen Soldaten. Wir waren in das Ruhequartier der 99th US-Infantry-Division geraten. Ehe sie sich versahen, waren sie schon entwaffnet, und nachdem Haus für Haus durchkämmt war, hatten unsere Fallschirmjäger rund 600 Gefangene zusammen.

Wieder kam der Befehl zum Aufsitzen. Kaum waren

wir angefahren, brach auf einmal ein Feuerzauber los. Von der anderen Ortsseite her waren die Amerikaner zum Gegenangriff übergegangen. Wieder gingen wir in Stellung und erwiderten das Feuer. Die „Königstiger" griffen mit ihren 8,8-cm-Kanonen in den Kampf ein und konzentrierten ihr Feuer auf die Granatwerferstellungen des Feindes. Viele unserer Fallschirmjäger wurden verwundet, einige tödlich getroffen.

Unser Regimentskommandeur war noch nicht in Honsfeld angekommen, so daß Oberstleutnant Schenk zu Schweinsberg zusammengefaßt auch die Führung des II. Bataillons des Majors Taubert mit übernehmen mußte. Noch einmal wurde um jedes Haus gekämpft. Doch dann wollten auch diese Amis die Flucht ergreifen; aber die schweren MG, die in die Panzer eingebaut waren, hielten gewaltig dazwischen.

Dann bekamen die Amerikaner Unterstützung durch ihre Jagdbomber. Der Kampf nahm an Härte zu, und die Verluste wurden immer größer. Ein Flak-Panzer der Waffen-SS mit aufmontiertem Vierlingsgeschütz eröffnete auf die anfliegenden Jabos das Feuer; aber bei einem erneuten Anflug gelang es den Maschinen leider, den Kampfwagen in Brand zu schießen. Seine Besatzung, SS-Oberscharführer Otto sowie die SS-Sturmmänner Büttner und Höhmann, war sofort tot. Auch der neben dem Fahrzeug mit der MPi kämpfende Obersturmführer Hardick wurde ebenfalls getroffen. Überall lagen Einschläge. Inzwischen begann auch die amerikanische Artillerie in den Ort zu schießen. Dabei fiel der SS-Untersturmführer Hofbauer. – Ich halte es für meine besondere Pflicht, hier auch die Namen unserer Kameraden von der Waffen-SS zu nennen, die sonst immer nur mit Dingen in Verbindung gebracht werden, die man ihnen gar nicht anlasten kann!

Neben mir stand – hinter dem „Königstiger" – unser Kompanie-Sani, der Feldwebel Otto. Als er einige Schritte zu einem Haus laufen wollte, um einen Schwerverwundeten zu bergen, haute neben dem Panzer eine Granate auf die Straße. Otto stürzte wie ein gefällter Baum um. Mit wenigen Sprüngen war ich bei ihm und schleifte ihn zum schützenden Panzer zurück. Er war im Gesicht ganz blau. Mühsam preßte er heraus: „Beißer, nicht hinsetzen – liegen – ich hab' einen Herzschuß!"

Als ich ihm die Jacke öffnete und das Hemd wegschob, sah ich, daß er tatsächlich genau einen Zentimeter unterhalb der linken Brustwarze ein kleines schwarzblaues Loch hatte. Nur wenig Blut sickerte hervor. – Da fuhr der „Königstiger" auf einmal an, und wir waren allein als Zielscheibe mitten auf der Straße. Sofort wurde auf uns das Feuer gelenkt. Wieder griff ein Jabo an. Die Einschläge lagen nur knapp neben uns. Vom Pflaster spritzte der Dreck auf. So gut es ging zog ich den Sani an das nächste Haus.

Über die dahinter liegende Wiese fuhr langsam ein SPW, der an der Seite das Rote Kreuz aufgemalt hatte. Neben dem Fahrzeug lief ein Arzt im weißen Kittel und mit umgehängter Sanitätstasche. Ich rief ihm zu, daß hier ein Verwundeter wäre. Sofort nahm der SPW Kurs auf uns. Der Arzt erkannte gleich die Situation und rief durch den Sehschlitz dem Fahrer etwas zu. Als dieser an der Rückseite ausgestiegen war, schlug unweit eine Granate ein. Tot sackte der Mann zusammen.

Im Sankra lagen nur schwer Kopf- und Bauchschußverletzte. Weil das Fahrzeug ein Hanomag war, das ich kannte, erklärte ich mich bereit, es zu fahren. Gemeinsam luden wir Otto ein und legten ihn auf den Boden. Umständlich, weil mit meiner ganzen Ausrüstung, stieg ich in den Fahrersitz und fuhr los. Gleich wurde wieder auf den SPW geschossen. Hoffentlich bringe ich die armen Kerle durch, dachte ich. Donnernd raste ich durch den Ort. Plötzlich endete die Straße an einer Eisenbahnlinie. Mit viel Mühe gelang es mir, ein Wendemanöver auszuführen.

Ob das wohl die Straße nach Holzheim ist, wie es mir der SS-Arzt erklärt hatte, fragte ich mich. – Dann entdeckte ich durch den schmalen Schlitz einen Baum, an dem ein Wegweiser mit einem Roten Kreuz und dem Hinweis zum Verbandsplatz der LAH hing. Kurz darauf war ich in einer Waldschneise, in der ein HVP notdürftig aufgebaut war. Ich kletterte aus dem Fahrzeug und rief ganz laut, daß ich den SPW voller Verwundeter hätte.

Während wir noch ausluden, sprach mich ein Hauptsturmführer an und fragte, ob ich wüßte, wo das 9. Fallschirmjäger-Regiment stünde. Als ich nickte und erklärte, daß ich daher käme, fragte er mich nach der 1. Kompanie. Er solle dort einen Fallschirmjäger abholen.

„... und wen?" fragte ich ahnungsvoll.

Tatsächlich sagte der Offizier:

„Einen Gefreiten Frühbeißer."

„Der steht vor Ihnen, Hauptsturmführer", antwortete ich. Mit meinem Soldbuch wies ich mich aus. Der Hauptsturmführer begrüßte mich mit Handschlag und meinte zu seinem Fahrer, daß er mich zu den anderen ins Schloß bringen solle. Kaum hatte ich auf dem Sozius des Krads Platz genommen, brauste die Maschine, so gut es im Schnee ging, ab.

Dem Offizier schrie ich noch zu:

„Bitte meine Kompanie verständigen!"

Der nickte nur.

Schon bald hielten wir an, und ich mußte absteigen.

„Den Weg weiter entlang", meinte der Fahrer und wendete sein Krad wieder um.

Dann stand ich da nun allein auf dem einsamen Weg und wurde mir darüber klar, daß es nun soweit war, auf den Kommando-Einsatz vorbereitet zu werden.

Ein Schloß in den Ardennen

Nach meinem Befehl mußte es sich bei dem Bauwerk, das da vor mir im Schneetreiben auftauchte, um das Schloß „M" in den Ardennen handeln.

Auf dem Weg zum Eingangstor wurde ich von einem Posten, den ich allerdings nicht ausmachen konnte, angerufen. Als ich deshalb weiterging, rief er nachdrücklicher:

„He! Fallschirmjäger, die Parole!"

Ich blieb stehen und nannte sie. Darauf trat ein Posten hinter einer kleinen Tannengruppe hervor und winkte mir mit der Hand, ihm zu folgen. Neben dem Schloßtor drückte er einen dort angebrachten Klingelknopf. Ein Unteroffizier kam, begrüßte mich und bat mich mitzukommen. Als wir an der Aufgangstreppe des Schlosses standen, erklärte er mir:

„Im Flur links, im ersten Zimmer warten!"

In dem Raum saßen bereits acht Fallschirmjäger. Wir begrüßten uns mit Handschlag. Einen Dienstgrad konnte man ja am „Knochensack", wie die Fallschirmjäger-Sonderbekleidung genannt wurde, nicht erkennen.

Dann trat ein junger Leutnant des Heeres ein, grüßte und bat uns, mit ihm zu gehen. Wir wurden in einen kleinen Saal geführt, an dessen Wänden große Generalstabskarten hingen. Kleine farbige Fähnchen und bunte Sektoren waren darauf markiert. Ein Oberstleutnant, der Auszeichnungen des Ersten und Zweiten Weltkrieges trug, nahm uns in Empfang und gab jedem die Hand. Mit seiner sympathischen Stimme bat er uns, näher an die Wandkarte zu treten.

Nachdem eine Lampe eingeschaltet war, die die Fläche voll ausleuchtete, begann der Oberstleutnant seinen Vortrag. Die Erläuterungen wurden mit einer für mich ungeheuer erstaunlichen Präzision vorgetragen. Fragen der Teilnehmer wurden bis ins kleinste Detail beantwortet. Als Punkt unserer Frontdurchschleusung wurde die Höhe 515 nördlich des Ortes Nieder-Emmels, südlich der Kaiserbaracke im Raum der Stadt Sankt Vith in Belgien benannt. Anschließend wurden wir aufgefordert, an dem großen Tisch im Saal Platz zu nehmen. Jeder erhielt eine Straßen-Übersichtskarte sowie ein Meßtischblatt (Maßstab 1:25 000), dazu mehrere schriftliche Unterlagen.

Die Frontdurchschleusung unserer Gruppe sollte am Abend dieses Tages, sobald die Dunkelheit angebrochen wäre, erfolgen. Die Parole zur Durchschleusung lautete: „Einsamkeit".

Nach Erledigung unseres Geheimauftrages in Belgien, der vom 17. bis zum 27. Dezember 1944 dauern sollte, müßten wir unbedingt wieder die Höhe 515 anlaufen, da nur von dort unsere Rückkehr durch Sicherungsposten eines Grenadier-Regiments gewährleistet wäre. Wir stellten fest, daß unser Einsatzgebiet hinter den amerikanischen Linien im Raum von La Roch-en-Ardenne, etwa 50 Kilometer westlich der deutschen Hauptkampflinie, lag.

Unser Auftrag lautete:

   1. Zerstörung aller erkannten und aufgefundenen Fernmelde- und Funkeinrichtungen, insbesondere Funkstellen;

2. Beseitigung von Orts- und Hinweisschildern;
3. Vernichtung von Treibstoff- und Versorgungslagern sowie Munitionsdepots;
4. Beschädigung der an den Versorgungsstraßen angelegten, sogenannten Versorgungsblöcke, die Treibstoff, Munition und Verpflegung enthielten;
5. Sprengung abgestellter Panzer und gepanzerter Fahrzeuge;
6. Vernichtung oder Sprengung ausgemachter Artillerie-Stellungen;
7. Sprengung von Straßen- und Eisenbahnbrücken, auf denen sich der amerikanische Nachschub bewegte, wenn es die Bauart der Brücke zuließ;
8. Vernichtung ausgemachter Gefechtsstände;
9. Möglichst Vermeidung von Zusammenstößen mit belgischen Widerstandskämpfern;
10. Unbedingte Vermeidung von Kämpfen mit amerikanischen Truppen – es sei denn, die Lage und Situation führten einen Kampf herbei.

Dann erfuhren wir, daß außer unserer Gruppe noch andere Kommando-Einheiten im belgischen Hinterland operieren würden. Im Bereich der Hafenanlagen arbeitete beispielsweise eine Gruppe „Währung", die die Aufgabe hatte, belgische Hafenarbeiter davon abzuhalten, amerikanische Versorgungsschiffe zu entladen. Dafür sollten diese Arbeiter in belgischen Francs bezahlt werden. Dann war da insbesondere eine größere Einheit in amerikanischen Uniformen angesetzt, die unter dem Decknamen „Greif" operierte und unter dem Kommando des SS-Standartenführers Otto Skorzeny, der uns ja allen ein Begriff war, stand.

Den Auftrag, den unsere Kommandogruppe hatte, mußte sie ganz auf sich allein gestellt erfüllen. Deshalb mußte sich jeder von uns die wesentlichsten Punkte einprägen, die wir in den Unterlagen gelesen hatten, und sie mit der Karte vergleichen. Unsere Fahrzeugausstattung würde aus einem neuen Ambulance-Car, einem Halftruck und einem Jeep bestehen. Im Sanitätswagen war eine größere Menge Sprengstoff untergebracht, zum Beispiel Dynamitstäbe mit Abreißzündern, großen Sprengsätzen, die wie Feldflaschen aussahen und natürlich reichlich Ersatzwaffen. Als Standardbewaffnung erhielt jeder Mann eine MPi (M3 Submachine-Gun) Kaliber 50 (=11,9 mm), einen M1-Carabiner und eine First Colt Automatic-Pistol. Außerdem wurden in den kleinen Lastwagen drei Trench-Mortar (60-mm-Granatwerfer) geladen; dazu noch mehrere Kisten mit Pineapple-Handgrenades sowie viele tausend Schuß Munition für unsere Handfeuerwaffen. Im Sanitätswagen befanden sich aber auch zwei Tragbahren, Sanitätszeug und sogar zwei Operationstaschen für etwa notwendig werdende kleinere Operationen und eine entsprechende Anzahl von Morphium-Ampullen.

Beladen war der Laster noch mit drei Gummischlauchbooten und den dazugehörigen Preßluftflaschen, Signalpistolen und Munition sowie vier Handsprechapparaten („Walky-Talkys"). Auf dem Jeep war ein schweres Maschinengewehr mit Wasserkühlung montiert. Außerdem war das Fahrzeug mit einer Panzerplatte versehen, die vor die Windschutzscheibe hochgeklappt werden konnte. Um unserem Unternehmen den Kontakt mit der Einsatzstelle im Schloß „M", die Tag und Nacht mit einem Nachrichten-Offizier besetzt war, zu gewährleisten, war im Jeep ein Funkgerät untergebracht, das von Spezialisten derart umgebaut worden war, daß es auf einer besonderen Frequenz arbeiten konnte. Aber auch im Tastverkehr konnte gesendet werden. Ganz abgesehen davon war es uns möglich, den gesamten amerikanischen Funksprechverkehr abzuhören. Eine Anpeilung unseres Senders sollte so gut wie nicht möglich sein. Bei Durchgabe von Erfolgsmeldungen oder wichtiger Vorkommnisse hatte der Funker so zu verfahren, daß er sich nach der Nennung von fünf Buchstaben aus dem amerikanischen Militäralphabet, nämlich

Alfa — Romeo — Delta — Echo — November

(das waren die Anfangsbuchstaben von Ardennen) sowie mit der Zahl 9 als Bezeichnung unserer Gruppe zu melden hatte. Die Durchsage selbst mußte mit „Commander" beginnen.

Sollte es zu einem Vorfall kommen, bei dem es Verletzte oder gar Tote in der Kommandogruppe gäbe, so müßte die Durchsage mit

„Red Cross Number 9"

beginnen. Dabei sollte das Planquadrat und die Ziffer des Feldes benannt werden, in dem es zu dem Vorfall gekommen war. Diese Durchsage sei deshalb von größter Wichtigkeit, weil danach über das weitere Verbleiben unserer Kommandogruppe im feindlichen Hinterland entschieden würde.

Dann bekamen wir noch als besondere Ausstattung eine Menge eines neuartigen amerikanischen Plastik-Sprengstoffes (die sogenannte „Lewis-Bombe"). Das Ding wog 500 Gramm, sah aus wie Knetgummi, und man konnte damit Figuren formen, ohne daß es „bumste" – wie es so treffend gesagt wurde. Nicht einmal die Flamme eines Feuerzeuges sollte die Sprengmasse zur Zündung bringen können. Die Zusammensetzung bestand aus einem Viertel Thermit, also einer Mischung aus Metalloxyden und aus drei Vierteln Plastik-Sprengstoff mit einer Initialzündung. Die Zündeinrichtung selbst war in einer Kupfer- und Aluminium-Rohrleitung enthalten. Auf diesem Rohr waren acht Einkerbungen für verschiedene Sprengzeiten eingestanzt. Diese begann mit 2 — 5 — 10 — 15 — 30 — 45 — 60 Minuten Verzögerung und endete mit 120 Minuten bis zur Detonation. Für den Gebrauch der Bombe am Tage waren die einzelnen Zeitfelder in verschiedenen Farben gehalten. Bei Verwendung im Dunkeln konnte man mit dem Fingernagel die Kerben abtasten. Bei einer sachgemäßen Handhabung konnte es zu keinerlei Schwierigkeiten kommen. Das Röhrchen enthielt eine hochwertige Quecksilberverbindung. Biß man die Glasampulle durch, lief die Säure in das Rohr ein, der Haltstift, der den Schlagbolzen arretierte, wurde von der Säure zerfressen und gab den Bolzen zur Zündung frei. Dieser stieß dann auf ein Zündhütchen, und die Initialzündung setzte ein. Dabei wurde eine ungeheure Hitze frei, durch die sich der eigentliche Plastik-Sprengstoff erst entzündete.

Metalle aller Art – bis zum dicksten Stahl – schmolzen in Bruchteilen von Sekunden. Die Bombe konnte dennoch ohne jegliches Risiko am Mann getragen werden. Nur beim Anwenden der Bombe war zu beachten, daß man selbst nicht näher als fünf Meter daran blieb; denn die Druckwelle der Explosion konnte einem die Lungen zerreißen.

Als jeder von uns über diese verfluchte Lewisbombe sein besonderes Sprüchlein aufgesagt hatte, war der Oberstleutnant von der Abwehr höchst erstaunt, in uns solche Fachleute gefunden zu haben. Das beruhigte ihn sehr; denn die Handhabung dieses Sprengstoffes hatte ihm – nach seiner eigenen Aussage – das größte Kopfzerbrechen bereitet.

Dann bat uns der Oberstleutnant in die Kellerräume, in denen unsere Umkleidung stattfinden sollte. Wir stellten bald fest, daß uns die amerikanischen Uniformstücke einwandfrei paßten. Über unsere Springerstiefel stülpten wir die dicken amerikanischen Gummi-Überschuhe, die man vorne mit drei Schnallen abschloß. Zuletzt schnallten wir uns den breiten Gürtel um, an dem die schwere automatische Pistole sowie mehrere Ersatzmagazine hingen. Als ich mich in einem Wandspiegel betrachtete, grinste mir ein amerikanischer First-Lieutenant entgegen.

Wieder im Unterrichtssaal übergab uns der Oberstleutnant unsere amerikanischen Dienstausweise. Beim Betrachten stellte ich fest, daß der Ausweis tatsächlich mein Foto trug. Meine neue Erkennungsmarkennummer lautete 35 54 17 29 / 543.

Wir waren nun Angehörige des
„Intelligence and Reconnaissance Platoon
of the
29th US-Infantry-Division".
Eine solche Einheit entsprach in der deutschen Wehrmacht etwa einem Nachrichtenzug in einer Aufklärungsabteilung. Wir erhielten so etwas wie einen Marschbefehl, der uns beauftragte, versprengte Einheiten, die zur 29. amerikanischen Infanterie-Division gehörten, zu einem Sammelpunkt zu leiten. Außerdem bekamen wir je tausend echte grüne Dollars. Einer von uns meinte im Scherz, ob das wohl reiche, um damit mit einer süßen Madeleine im „Moulin Rouge" in Paris bei echtem französischem Champagner den Heiligen Abend verbringen zu können. Trotz des Ernstes der Lage mußte sogar der Oberstleutnant herzlich lachen.

Dann hörten wir zum ersten Male unsere amerikanischen Namen und Dienstgrade. Der Oberstleutnant verlas die Aufteilung unserer Kommandogruppe auf die einzelnen Fahrzeuge:

„Corporal Norman G. Douglas,
Fahrer des Sanitätswagens;

Chaplain Logan S. Clarke,
Kommandoführer und Funker;

Sergeant Robert L. Carty,
Fahrer des Lasters;

Second-Lieutenant Jaromie McKensie,
Verantwortlich für den Sprengstoff;

Sergeant-Major William G. Shank,
Fahrer des Jeep, Minenexperte;

First-Lieutenant Norrie F. Breadfoud,
Richtschütze und Sanitäter;

Master-Sergeant Mathhew J. Ashburn,
Technischer Dienst (Panzerfahrer);

First-Sergeant Vernon G. Crouse,
zuständig für Verpflegung;

Sergeant Persy L. Finch,
Funker und Ladeschütze."

Für den Fall, daß Clarke, unser Kommandoführer, ausfallen sollte, würde der Sergeant-Major Shank die Gruppe übernehmen. Beim Ausfall von Shank käme der Second-Lieutenant McKensie an die Reihe. Unsere Einsatzfunktionen hatten also nichts mit unseren derzeitigen Dienstgraden zu tun, die sich zufällig nach den zur Verfügung stehenden Uniformen und Papieren richten mußten. Zu jedem Fahrzeug war ein Mann eingeteilt, der die englische Sprache in Wort und Schrift beherrschte. Sollte es zu einer Kontrolle durch amerikanische Military-Police oder eine andere Streife kommen, so sollte einer von diesen als Sprecher der Gruppe auftreten.

Der Oberstleutnant bedankte sich, reichte jedem die Hand und sagte mit bewegter Stimme: „Macht's gut, Fallschirmjäger! Hals- und Beinbruch und kommt heil zurück!" Dann verließ er mit schnellen Schritten den Saal. Wir standen noch stumm, bis uns das Kommando des „Chaplain Clarke" aus unser Nachdenklichkeit riß.

Als wir dann vor das Schloß auf die Freitreppe kamen, setzte Schneefall ein. An der linken Seite der Schloßmauer standen drei amerikanische Fahrzeuge mit laufenden Motoren.

Chaplain Clarke – wir mußten uns nun an unsere neuen Namen gewöhnen – ging von Mann zu Mann und gab uns je zwei kleine weiße Kügelchen zu schlucken. Es waren die uns schon bekannten „Pervitin-Kugeln", die uns wachhalten sollten. Sie hießen in der Normandie nur „Hallo-Wach".

Am Sankra nahmen wir unsere Maschinenwaffen in Empfang. Dann gab Clarke das Kommando zum Aufsitzen. Bei Shank nahmen noch Ashburn, Finch und ich Platz. Aus dem Lautsprecher unseres Jeeps hörten wir:

„Kommandogruppe Ehrenreich – anfahren!"

Wir rollten zum Schloßtor hinaus und fuhren auf der Straße durch einen Tannenwald weiter. Shank meinte: „Sieh mal, der Jeep hat erst 147 Meilen auf dem Tacho."

Nach etwa einer halben Stunde zügiger Fahrt sahen wir, als wir in eine Kurve einbogen, daß sich in der Ferne kreisend ein rotes Lichtzeichen bewegte. Bis dahin fuhren wir und hielten dann an. Ein Oberleutnant des Heeres kam an den Sankra, der an der Spitze fuhr, und erklärte Clarke, daß er den Befehl habe, unsere Gruppe auf dem kürzesten Wege zur Front zu bringen. Sein

Schwimmwagen setzte sich vor unseren Transport. Sonst war auf dieser Straße kein weiterer Fahrzeugverkehr. Hell wie ein Silberstreifen lag der Himmel vor uns, erstrahlt von den Blitzen der Abschüsse an der Front. So berührte uns wieder das eigenartige Gefühl, das man immer bekam, wenn es wieder nach vorne ging. Dann ertönte es wieder aus dem „Bordlautsprecher": „Anhalten! Breadfoud sofort zu mir." Es dauerte eine Weile, bis ich erfaßt hatte, daß ich gemeint war. Doch dann stieg ich aus und ging am Lastwagen vorbei zum Sankra. Dort standen Clarke und der Oberleutnant beisammen. Unser Kommandoführer erklärte mir, daß wir ab jetzt mit dem Jeep Spitze fahren sollten. Der Oberleutnant ergänzte noch, daß uns nach etwa eintausend Metern ein anderer Offizier in Empfang nehmen und unsere Gruppe durch die Front bringen würde.

Der erste Tag im amerikanischen Hinterland
(17. Dezember 1944)

Frontdurchschleusung

Der Oberleutnant grüßte und wünschte uns das übliche „Hals- und Beinbruch!" Dann ging er zu seinem Fahrzeug zurück. Clarke meinte zu mir – und er sprach mich mit „meinem amerikanischen Vornamen" an:

„So, Norrie, alter Hase, jetzt heißt es die Augen offen zu halten." Dann gab er mir einen freundlichen Klaps auf die Schulter und sagte: „. . . und nun verschwinde!" Ich ging zum Jeep zurück und erklärte Shank, daß wir jetzt die Führung der Kolonne übernehmen sollten. Er startete den Motor, scherte aus, fuhr an den Fahrzeugen vorbei und langsam auf dieser Straße weiter. Inzwischen klappte ich die Panzerplatte vor die Windschutzscheibe des Jeep. Dieser Panzerschild könnte im Notfall einiges abhalten.

Genau nach tausend Metern trat eine Gestalt hinter einem Baum hervor und hielt uns durch Handzeichen an. Wieder war es ein Oberleutnant. Leise, als stünden Mithörer in unmittelbarer Nähe, sagte er, daß er noch am Nachmittag während eines Spähtrupps in dem Waldgebiet, das wir jetzt gleich durchfahren würden, amerikanische Truppen ausgemacht hätte.

Das kann ja heiter werden, dachte ich mir, hoffentlich riechen die Amis nicht den Braten.

Der Oberleutnant winkte und lief vor unserem Jeep her. Langsam folgten wir. Der Weg führte in einen Waldpfad. Es ging leicht bergab. Mit der rechten Hand tastete ich zu dem vor mir angebrachten Maschinengewehr und stellte fest, daß der Sicherungsflügel auf „Feuer frei" stand. Prüfend faßte ich auch noch über den Kasten, aus dem der eingelegte Gurt kam. Bald erreichten wir eine Abzweigung und bogen rechts ein. Weiter ging es einen Berg hinunter. Immer noch lief wenige Meter vor uns der Oberleutnant. Dann hatten wir den Waldrand erreicht.

Der Oberleutnant gab das Zeichen zum Halten und kam zu uns heran. In englischer Sprache sagte er leise, daß er jetzt umkehren müsse. Beim Handschlag flüsterte er:

„Good luck for you!"

Vorsichtig fuhr Shank auf dem schmalen Weg weiter. Finch, der die Karte studiert hatte, flüsterte mir zu, daß – wenn wir richtig gefahren seien – wir vor uns bald den kleinen Ort Roth haben müßten. Unsere Nerven waren zum Zerreißen angespannt. Ich hatte mir vorgenommen, bei der geringsten Kleinigkeit mit dem Maschinengewehr dazwischenzuhalten, um gegebenenfalls den Durchbruch zu erzwingen.

Wir fuhren dann einen Berg hinauf und sahen, daß dahinter etwas brennen mußte. Aber erst, als wir die Bergkuppe überfahren hatten, konnten wir erkennen, daß in etwa 300 Metern voraus drei Häuser brannten. Mehrere amerikanische Soldaten beluden im Schein der Flammen zwei Fahrzeuge und fuhren dann weg. Shank meinte, daß wir an diesen Häusern vorbeifahren müßten. Doch ehe wir wieder anfuhren, gingen hundert Meter vor uns einige Serien Artillerie-Einschläge nieder. Sollte man uns mit einem Sperriegel die Weiterfahrt verwehren wollen? Die Einschläge folgten immer schneller aufeinander, und die Feuerwalze schob sich vor uns her. Dann wechselte sie plötzlich auf die rechte Hangseite hinüber. In diesem Augenblick gab Shank Vollgas und fuhr so gut es ging an dem Feuerzauber vorbei. Er lenkte den Jeep auf eine kleine Brücke, die über einen Bach führte. Dann ging es auf die brennenden Häuser zu, die an einer Nebenstraße lagen. Im Feuerschein konnte ich auf dem Ortsschild „Hinderhausen" lesen. Jetzt wußten wir, daß wir auf dem richtigen Weg waren und uns bereits wie befohlen westlich der Stadt St. Vith befanden.

Als wir den Ort hinter uns gelassen hatten, beugte ich mich aus dem Jeep und sah zurück. Mit Schrecken stellte ich fest, daß uns weder der Lastkraftwagen noch der Sankra gefolgt waren. Ich faßte Shank am Arm und teilte ihm meine Wahrnehmung mit. Der stoppte sofort. Finch sprang aus dem Wagen und lief bis zur Biegung zurück. Im Schein des Feuers konnten wir ihn gut verfolgen. Nach einiger Zeit kam er zurück und teilte uns mit, daß er von beiden Fahrzeugen nichts gesehen habe. Sollten wir schon in der ersten Stunde unseres Unternehmens getrennt worden sein? Was nun?

Unmöglich konnten wir auf eigene Faust weiterfahren. Uns würde es an der nötigen Ausstattung fehlen. – Also abwarten!

Nach rund fünf Minuten meinte Shank, er würde doch lieber umkehren und die anderen suchen. Machten wir also kehrt.

Schon bald tauchte im Schneefeld vor uns ein Fahrzeug auf. Ich griff sofort zum MG, um für alle Fälle gerüstet zu sein. Da gingen an dem Wagen beiderseits die kleinen Scheinwerfer an und aus. Gleichzeitig tönte es aus unserem Lautsprecher:

„Alles okay – wir sind's!"

Shank brachte den Jeep wieder in Vormarschrichtung und hielt an. Der Sankra fuhr links neben uns und hielt dann ebenfalls. Clarke rief uns zu, daß plötzlich eine brennende Hauswand auf die Straße gefallen sei und sie versperrt hatte. Wegen des hochexplosiven Sprengstoffs und der „anderen Scherzartikel", die in den Fahrzeugen verladen waren, sei man sicherheitshalber rückwärts wieder aus dem brennenden Ort herausgefahren und hätte sich einen anderen Weg gesucht. Dann gab uns Clarke das Zeichen zur Weiterfahrt; er reihte sich hinten wieder ein.

Bald durchfuhren wir Crombach, und schon kurz darauf waren wir in Maldange. Hier brannten ebenfalls einige Häuser. In den Straßen liefen amerikanische Soldaten umher und beluden bereitstehende Lkw. Wir waren gezwungen, an einer haltenden Fahrzeugkolonne vorbeizufahren.

Da! Ein amerikanischer Soldat stellte sich unserem Jeep in den Weg. Shank gab Vollgas und fuhr auf den Mann los, so daß dieser schnell zur Seite springen mußte. Die Ambulance und der Laster folgten uns dichtauf.

Die Treibstoffkolonne

Vor uns hob sich aus der Schneefläche der Umriß eines Ortes ab. Der Karte nach mußte es Beho sein. Kurz vor dem Ortsbeginn kamen uns mehrere Wagen entgegen, die die Scheinwerfer aufgeblendet hatten. Shank langte zum Armarturenbrett und schaltete ebenfalls die

Beleuchtung ein. Ich drückte auf meine Sprechtaste und rief:

„Sofort Scheinwerfer einschalten!"

So fuhren auch wir mit vollem Licht weiter. Es war uns unverständlich, wie man im Bereich der Front mit „Festbeleuchtung" fahren konnte. Im deutschen Hinterland war das nicht erlaubt. Aber die Amis verhielten sich halt anders als wir.

Nach zwei Kilometern Fahrt erreichten wir den Ort Gouvy. Shank bog nach links in eine Nebenstraße ein. Diese führte auf den Wald zu. Vorsichtig fuhren wir weiter. Aus der Ferne konnten wir links voraus Licht erkennen. Etwas später stellten wir fest, daß es sich um kleine Feuer handelte.

In unseren Scheinwerferkegeln tauchten plötzlich vor uns auf der Waldstraße amerikanische Lastwagen auf. Ihre Ladebrücken waren voller Benzinkanister. Beobachtend fuhren wir an der Kolonne vorbei. Links im Wald hantierten amerikanische Soldaten – wohl die Fahrer – um mehrere Feuerstellen. Die Entfernung von der Straße betrug ungefähr zwanzig Meter. Es roch sehr stark nach Benzin. Als die Fahrzeugreihe endete, hatte ich 67 Lastwagen gezählt.

Nach der nächsten Kurve hielt Shank an. Per Sprechfunk beorderte Clarke alle Mann an den Jeep. Dann erklärte er, daß wir uns diese einmalige Gelegenheit nicht entgehen lassen dürften und diesen Treibstoff-Konvoi mit „Lewisbomben" in die Luft blasen sollten. Ashburn, Finch und Douglas blieben bei unseren Fahrzeugen als Wachen zurück. Wir anderen wollten alle Fahrzeuge sprengen.

Am Sankra faßten wir die Bomben. Jeder von uns mußte vier Stück nehmen. Als Zündverzögerungszeit wurden 15 Minuten angesetzt. Mit keinem guten Gefühl ließ ich je zwei der Plastik-Bomben in die Taschen meines weichen Kamelhaarmantels rutschen. Die Dinger waren mir unheimlich. Dann gab Clarke das Zeichen zum Angriff! Vorsichtig schlichen wir im Bogen – die Maschinenpistolen in Vorhalte – auf den Waldrand zu. Im Abstand von zwei Metern gingen wir zwischen den Bäumen vor. Im Wald lag kein Schnee.

Hoffentlich latscht keiner auf einen herumliegenden trockenen Ast. Das war mein beherrschender Gedanke.

Bald sahen wir die Feuer, um die die Amis sich versammelt hatten. Ich war der linke Flügelmann unserer Gruppe geworden. Clarke schlich von Mann zu Mann und flüsterte jedem seinen Auftrag zu. Dann gab er das Handzeichen, das man im Schein der Feuer gut erkennen konnte. Wir liefen los. Mit knapp dreißig Schritten hatte ich den letzten Lastwagen erreicht. Meine MPi hatte ich mir inzwischen mit dem Tragriemen um den Hals gehängt. Nun streifte ich mir die Handschuhe ab und steckte sie mir zwischen die Reverses des Mantels. Mit größter Behutsamkeit zog ich die erste „Lewisbombe" aus der Tasche. Mein Fingernagel tastete vom Sprengsatz her über das Zündröhrchen, bis ich die vierte Kerbe erreicht hatte. Dann bog ich das Rohr ab, nahm das Ding zum Mund und biß die Kapsel, in der die hochprozentige Säure war, durch.

Wenn bloß alles dicht ist, dachte ich, eine Verätzung ist dein Tod! Dabei hob ich die Bombe über die Bordwand, erfühlte mit dem Handrücken die kalten Benzinkanister und ließ dann die Bombe dazwischenrutschen. Trotz der starken Kälte schwitzte ich. Wie ertappt blickte ich mich um. Alles blieb aber ruhig. Niemand war zu sehen.

Mit wenigen Schritten war ich beim nächsten Lastwagen angelangt. Wieder die gleichen Handgriffe. Nach dem Biß auf die Kapsel hatte ich einen Geschmack nach Öl und Kupfer im Mund. Diesmal wurde die Bombe von unten zwischen zwei Benzinkanister geschoben.

Im Weiterschleichen konnte ich deutlich die Stimmen der amerikanischen Soldaten, die sich auf der anderen Seite der abgestellten Lastwagenkolonne aufhielten, hören.

Na wartet, ihr Hunde, ging es mir durch den Kopf, ihr werdet mir meine zwei Verwundungen, die ihr mir in der Normandie beigebracht habt, teuer bezahlen.

Mein Herzschlag schien so laut zu sein, daß ich Angst hatte, die Amis könnten dies hören. So legte ich die dritte Bombe und stand kurz danach am vierten Lastwagen. Diesmal stieg ich auf das Trittbrett und legte die Bombe zündbereit auf die obere Reihe der Benzinkanister ab. Vorsichtig kletterte ich wieder herunter und war dann gleich im Wald untergetaucht.

Du mußt dich beeilen, schoß es mir durch den Kopf; denn ich war ja derjenige von uns, der am weitesten weg war.

Als ich aus dem Wald heraustrat, sah ich vor mir sechs Gestalten auf der Schneefläche stehen. Im Laufschritt eilten wir zu unseren Fahrzeugen. Keuchend erreichte ich den Jeep und stieg atemlos ein. Shank fuhr sofort los. Bald hatten wir das Dorf Rettigny durchfahren und bogen dann ab, um nach Cherain zu gelangen.

Da zuckte es plötzlich rechts von uns auf, und wie ein greller Blitz schoß es zum Nachthimmel. In breiter Front entwickelte sich eine gelbrote Feuerlohe. Es folgte Explosion auf Explosion. Dies war nun das Ergebnis unseres selbstgewählten ersten Auftrages, den unsere Kommandogruppe vollbracht hatte.

In Cherain bogen wir auf die Straße N 26 ein. Im Licht der Scheinwerfer entdeckte ich rechts im Straßengraben mehrere dicke Kabelleitungen. Ich nahm den Sprechapparat und sagte:

„Hier spricht Norrie, was haltet ihr davon, wenn wir erst einmal Elektriker spielen?"

„Tut das!" kam es aus dem Lautsprecher zurück. Shank hielt den Jeep an, und wir stiegen aus, lösten die Äxte, die beiderseits an den Seitenwänden des Fahrzeugs angebracht waren und schlugen die Leitungen durch. Das machten wir nach rund hundert Metern noch einmal. Dann ging die Fahrt weiter. Nach einiger Zeit tauchte linker Hand ein Wald auf. Shank bog in eine Waldschneise ein. Bald hielt das Fahrzeug an, und der Motor wurde abgestellt. Als die anderen aufgefahren waren, versammelte sich die Gruppe am Jeep.

McKensie meinte scherzhaft: „Die Amis werden heute keine Zigarette mehr rauchen", und dabei zündete er sich eine an, „die haben sich an unserem Feuerwerk ganz schön den Arsch verbrannt."

Finch setzte sich die Kopfhörer auf und gab seine Erfolgsmeldung durch:

„Alfa — Romeo — Delta — Echo — November — neun — Commander, ich habe in R 17 auf einer Waldstraße von Gouvy nach Rettigny 67 Fahrzeuge, die mit Benzin beladen waren, durch Explosionen verloren!"

Es kam die Anfrage, ob wir Verluste gehabt hätten?

„Nein", gab Finch zur Antwort.

„Okay!"

Dann schaltete Finch das Funkgerät wieder ab.

Der zweite Tag im amerikanischen Hinterland
(18. Dezember 1944)

Der C.I.D.-Agent

Es war 01.00 Uhr, als ich auf das Leuchtzifferblatt meiner Armbanduhr sah. Ich setzte mich im Jeep bequem zurecht, deckte mich mit zwei Decken zu und versuchte zu schlafen. Aber dazu war ich viel zu aufgewühlt, und die Pervitin-Kugeln hatten auch ihre Wirkung getan. Dann muß ich aber doch noch eingeschlafen sein; denn erst durch ein heftiges Zupfen am Arm wurde ich wach. Als ich die Augen offen hatte, sah ich in Shanks grinsendes Gesicht. Er hielt mir einen Becher mit duftendem Bohnenkaffee unter die Nase und meinte:
„Da, trink tapferer Bayer!"
Das tat gut. Jetzt merkte ich erst, wie sehr mich fror. Steif stieg ich aus dem Jeep, schnallte den Gürtel mit der schweren „Kanone" ab, legte ihn mit der Waffe auf den Sitz, zog meinen Mantel, die Jacke und die Hemden aus und verdrückte mich einige Schritte seitwärts, wo sich frischer Schnee befand. Mit beiden Händen faßte ich in den Pulverschnee, rieb mir fest das Gesicht, die Arme, die Brust und den Rücken ab. Die Kameraden standen um mich herum und blickten mir bei meinem „Bad" zu. Ich tat so, als bemerkte ich das gar nicht, ging

zum Jeep zurück und trocknete mich in aller Seelenruhe ab. Nach kurzer Zeit kochte ich vor lauter Wohlbehagen förmlich über. Den Kameraden erklärte ich, daß ich das während einer Winterausbildung im Wehrertüchtigungslager der Hitler-Jugend so gelernt hätte.

Inzwischen hatte unser Verpflegungsmeister Crouse auf seiner kleinen Kochstelle ein gutes Essen zubereitet. Anschließend gab es noch einmal ausreichend Bohnenkaffee. Nachdem wir unsere Sachen wieder verstaut hatten, trafen wir uns zur „Dienstbesprechung" am Jeep. Aus der Ferne hörten wir das Wummern der Front. Wir hatten unsere eigene, lautlose.

Die M3-Maschinenpistolen hatten wir neben uns an den Baumstämmen griffbereit stehen. Chaplain Clarke gab uns bekannt, daß wir sehr gut voran gekommen wären und nicht mehr weit von unserem eigentlichen Einsatzraum „La Roch-en-Ardenne" entfernt waren. Dann wurden die beiden Posten, die sichernd unseren Lagerplatz umkreist hatten, eingezogen. Wir waren wieder zur Abfahrt fertig.

Auf dem Waldweg kehrten wir auf die Straße, von der wir gekommen waren, zurück. Bald hatten wir den Ort Sommerain erreicht und fuhren weiter nach Fontenaille. Hier bogen wir auf die Hauptstraße N 15 ein, die von Bastogne kommt und nach Lüttich führt. Nach etwa drei Kilometern sollten wir links in eine Nebenstraße einbiegen. So jedenfalls lautete unsere Anweisung als Spitzenfahrzeug.

Weil uns jedoch aus entgegengesetzter Richtung eine endlose Fahrzeugkolonne mit Truppen entgegenkam, mußten wir erst einmal gegenüber der Abbiegung stehenbleiben.

Aber dann passierte es! Aus unseren Lautsprechern tönte es auf einmal:

„Achtung! – Military Police von hinten!"
Dann fuhr auch schon ein Jeep mit zwei MP-Soldaten an uns vorbei und hielt etwa zwanzig Meter vor uns an. Die Militär-Polizisten stiegen aus und kamen auf unseren Jeep zu.

„Paß auf!" zischte Shank.

Ich schob mit dem Daumen den Sicherungsflügel meiner MPi hoch und griff mit der rechten Hand an den Abzug des schweren MG. Doch ehe ich handeln konnte, tauchte rechts neben mir ein Schatten auf:

„Ruhe Norrie! – Keine Angst!" Clarke stand neben mir.

Als die Soldaten den Pfarrer erkannten, fragten sie:

„Sir, wohin wollen Sie? Können wir Ihnen helfen?"

Clarke zog aus der Brusttasche seines Mantels den sogenannten „Marschbefehl" und hielt ihn den MP-Soldaten entgegen:

„Mein Sohn", sagte er mit leicht salbungsvollem Unterton in der Stimme, „wir müssen dort hinüberfahren", und er zeigte über die Abzweigung auf den nächsten Ort.

– „Dort wartet unsere Einheit auf uns."

Die beiden Soldaten grüßten, gingen auf ihr Fahrzeug zu und – kehrten plötzlich wieder um. Einer von ihnen verwickelte unseren Chaplain in ein Gespräch. Clarke hielt ihnen seine Feldflasche hin, die mit gutem französischem Cognac gefüllt war. Keiner lehnte es ab, daraus zu trinken. Shank, der das auch beobachtet hatte, stieg plötzlich aus und ging auf den Jeep der Militär-Polizisten zu.

Jetzt laust mich doch der Affe, dachte ich und sah, wie Shank in den fremden Wagen hineinlangte. Schlendernd kehrte er zu uns zurück, stieg wieder auf seinen Platz und zündete sich in Genießerlaune eine Zigarette an. Schmunzelnd blies er mir den Rauch ins Gesicht. Dabei grinste er wie ein Honigkuchenpferd. Die beiden MP-Soldaten verabschiedeten sich dann von unserem „Hochwürden", der noch vor ihren Gesichtern das Zeichen des Kreuzes schlug, gingen über die Straße und hielten die Fahrzeuge der Kolonne an, damit wir einbiegen konnten.

Im Vorbeifahren grüßte ich die beiden nach amerikanischer Manier, während Shank aus vollem Halse lachte.

„Du Rindvieh!" stieß ich ihn an, „das hätte zu leicht ins Auge gehen können. Hast du denen etwa Zigaretten aus dem Jeep geklaut?" Darauf bekam ich aber keine Antwort. Nur Finch klopfte mir auf die Schulter und meinte:

„Und fürchte dich nicht, Norrie; denn wir sind ja bei dir!"

Ich konnte nur noch mit dem Kopf schütteln. Bald darauf durchfuhren wir den Zwillingsort Dinez-Wilogne. In einer Nebenstraße hielten wir auf dem Hof des letzten Hauses an. Shank stellte den Motor ab.

„Ashburn, Carty und Crouse", kam es aus den Lautsprechern, „erst das Haus durchsuchen!"

Die drei Kameraden verschwanden vorsichtig gehend in der Eingangstür. Doch schon bald kamen sie wieder heraus und gingen zu den Stallungen, dann in die große Scheune, die den Bauernhof auf der anderen Seite abschloß. Behutsam öffneten sie das Tor und schauten hinein. Dann rissen sie es ganz weit auf und winkten uns, mit den Fahrzeugen hineinzufahren. Auf der Diele war tatsächlich Platz für alle Wagen.

„Sag mal", fragte Clarke dann Shank, „was – in drei Teufels Namen – hattest du an dem MP-Jeep zu suchen?"

„Ach", meinte Shank mit Unschuldsmiene, „ich habe

den Amis nur eine ‚Lewisbombe' unter die Sitze fallen lassen."

Jetzt schüttelte auch Clarke nur noch mit dem Kopf.

Weil an der hinteren Wand auch ein Tor war, das auf das freie Feld führte, schoben wir es auf. Douglas nahm daneben im Innern der Scheune seinen Posten ein, während Ashburn am vorderen, geschlossenen Tor Ausguck bezog. Durch die Ritzen in den Bretterwänden konnte man gut den Hof und die vorbeiführende Straße beobachten.

Crouse – wie konnte es anders sein – kochte schon wieder Kaffee. Clarke erklärte uns, daß er mit McKensie auf Erkundungsfahrt gehen würde. Wir sollten auf Empfang bleiben. Sollte es zu einem Zwischenfall kommen, gäbe er die Position durch. Mit dem Jeep fuhren sie ab. Finch saß im Sanitätswagen und hatte auf Empfang geschaltet.

Ungefähr eine halbe Stunde nach der Abfahrt unserer beiden Kameraden fuhr ein Jeep in den Hof. Wir dachten schon, sie kämen bereits zurück.

Da zischte Ashburn:

„Achtung!"

Ein Neger stieg aus dem Wagen, zog die Pistole aus dem Futteral und ging vorsichtig in das Haus. Bald kam er heraus, ging langsam auf die Ställe zu und trat auch dort ein. Dann tauchte er wieder auf und kam auf die Scheune zu. Vielleicht hatte er nun die frischen Fahrspuren im Schnee erkannt. Er öffnete die große Tür und schob sich herein. Als er Douglas bemerkte, nahm er seine Pistole in Anschlag. Aber blitzschnell stieß Ashburn mit der schweren Machete zu und traf den Schwarzen voll in die linke Hüfte. Der gab noch einen fürchterlichen Schrei von sich und sackte dann zusammen. Es war Ashburn nicht möglich, seine Waffe wieder aus dem toten Körper des Negers zu ziehen.

Carty und Crouse trugen ihn weg und legten ihn auf einen Strohhaufen. Dann untersuchten sie seine Taschen. Crouse reichte mir den Dienstausweis her. Ich las, daß es sich bei dem Toten um den Master-Sergeanten Noel Samuel Philman von der 412th C.I.D-Group des V. US-Corps handelte.

Das ist ja eine schöne Bescherung, dachte ich mir. Sollte uns der Agent auf der Spur sein, nachdem der MP-Jeep explodiert war? – Wohl kaum, dann wäre er nicht allein gekommen.

Carty war auf den Hof gelaufen und hatte den Jeep auch in die Scheune geholt. Wir untersuchten den Wagen genau. Die Maschinenpistole, die unter der Windschutzscheibe steckte, zogen wir aus der Halterung. Ich hob einen Seesack heraus. Finch fand eine Aktentasche und öffnete sie. Bei der Durchsicht stellten wir fest, daß in den Fächern eine Menge Unterlagen steckten. Unter anderen auch eine Karte im Maßstab 1 : 50 000. Darauf waren mit rotem Farbstift mehrere Kreise gezeichnet, in denen die Nummern deutscher Einheiten vermerkt waren. So zum Beispiel um die Orte Krinkelt, Lieugneville, die Höhe 515 bei Nieder-Emmels-Andler, um Urb und Winterspelt. Ich meinte zu Finch, daß dies ja auch unsere Frontdurchschleusungsstelle betraf, die Höhe 515. Shank war der Ansicht, daß wir nicht gleich so schwarz sehen sollten. Es würde sich schon alles aufklären.

Plötzlich hörten wir aus dem Radio des erbeuteten Jeeps den Ruf:

„Charly — Indian — Delta — vier — drei — sieben, kommen!"

Wir sahen uns einander an. Crouse deutete mit der Hand auf die Seite der Motorhaube, auf die eine längere Zahlenreihe mit weißer Farbe gemalt war. Die

letzten drei lauteten: . . . 4 3 7. Man war also auf der Suche nach dem Neger-Sergeanten. Finch meinte:
„Bloß keine Panik, der Agent kämpfte sowieso auf verlorenem Posten."

Wir waren heilfroh, als Clarke und McKensie in diesem Augenblick in den Hof einfuhren. Als sie in der Scheune ihren Jeep anhielten, fragte Clarke:
„Wohl gefunden?" und deutete auf den fremden Wagen. Ashburn schilderte ihm den Vorfall. Clarke meinte:
„Das habt ihr gut gemacht!" Dann ließ er sich die Tasche des Agenten reichen. Blatt für Blatt las er alles durch und erklärte uns dann, daß aus den Unterlagen hervorginge, daß bei dem Ort Krinkelt ein Mann in amerikanischer Offiziersuniform gefunden worden sei, der auf der Zunge Glassplitter gehabt habe und nach bitteren Mandeln gerochen hätte. – Uns war klar, daß dieser Offizier eine Zyankalikapsel, so wie wir sie während dieses Unternehmens auch bei uns trugen, zerbissen hatte. – Außerdem hätte der Offizier die Erkennungsmarke einer deutschen Flak-Einheit um den Hals gehabt.

„Wie wir", sagte ich, „auch wir tragen zu unserer neuen amerikanischen Marke noch die deutsche Erkennungsmarke."

Clarke meinte, daß dieser Offizier sicher mit einem Spezialauftrag allein unterwegs gewesen sei. – Nun sollte der C.I.D.-Agent die auf der Karte eingezeichneten Punkte abfahren und überprüfen, ob diese noch in amerikanischer Hand wären – oder so etwa.

Aus den amerikanischen Funknachrichten wußten wir, daß sich ihre Armee im Bereich des deutschen Angriffsraumes in ziemlicher Auflösung befand und wesentliche Teile auf der Flucht waren. Auch die „Achsen-Sally" von der deutschen Propagandasendung verbreitete dies zur Unterstützung der Panik über den Soldaten-Rundfunk in englischer Sprache. Clarke gab den Befehl, die gesamten Unterlagen des Negers zu verbrennen. Den schwarzen Sergeanten sollten wir im Schnee bestatten. Daneben stellten wir seinen Jeep ab, der aber zuerst einmal unbrauchbar gemacht wurde. Ashburn „bereicherte" sich mit dem Ersatzkanister und füllte dessen Inhalt in unseren Jeeptank ein. Crouse hatte in der Zwischenzeit ein warmes Abendbrot bereitet. Während wir aßen, berichtete Clarke über die Erkundungsfahrt, die er mit McKensie gemacht hatte; wobei ihnen an einem nicht sehr weit entfernten Haus, das – Gott sei Dank – allein stand, zwei ohne sichtbare Posten abgestellte Sherman-Panzer vom Typ „M3 A1" aufgefallen waren. Diese Panzer wollten wir nun nach Einbruch der Dunkelheit holen; denn für unser Kommando-Unternehmen wäre eine Panzerunterstützung „äußerst nützlich, wenn nicht sogar unentbehrlich". Damit könnten wir selbst größeren Widerstand brechen.

„Panzer-Klau" geht um

Clarke legte die Einzelheiten seines Vorhabens fest. Er und McKensie wollten zum Haus gehen und den Eingang mit Sprengmitteln absichern. Sollte dann jemand die Tür von Innen öffnen, so brächte er die Sprengladung zur Entzündung. Ashburn spuckte sich vor Freude in die Hände und meinte in seinem schwäbischen Dialekt:

„Da könne mei Patscherle endli wieder a Panzerle fahre."

Nachdem alles besprochen war, begaben wir uns an die Fahrzeuge und fuhren hinten aus der Scheune heraus, dann über die Felder wieder auf die Straße zurück. Wir mit dem Jeep fuhren weiterhin voraus. Bald waren links vor uns mehrere Lichter zu sehen, später stellte sich heraus, daß diese aus schlecht verdunkelten Fenstern kamen. Langsam fuhren wir an dem bewußten Haus, das links unserer Straße stand, vorbei. Deutlich erkannten wir daneben die Umrisse eines Shermans. Ein zweiter war aber nicht mehr da. Vermutlich war der bereits abgefahren.

Nach etwa 200 Metern hielten wir an; Shank stellte wieder wie immer gleich den Motor ab. Das war bei ihm sozusagen ein Handgriff: Anhalten und Zündung weg. – Der Sankra war ganz dicht aufgefahren. Ashburn stieg aus und entledigte sich seines dicken Wollmantels. Clarke und McKensie entfernten sich und gingen vorsichtig am Straßenrand zurück auf das Haus zu. Als sie es erreicht hatten, begannen sie unverzüglich damit, die Sprengmittel anzubringen. Um auch die Fenster mit zu erfassen, zogen sie von denen, die sich links und rechts neben der Tür befanden, Drähte. Diese verbanden sie mit den unter der Tür abgestellten Sprengsätzen und der Türklinke. Kunstgerecht kamen noch einige amerikanische Eierhandgranaten als „Verzierung" dazwischen. Wir Beobachter sahen dann das ausgemachte „grüne Licht" zum Zeichen, daß alles bereit sei.

Ashburn spurtete los. Keiner von uns hatte gedacht, daß dieser „Koloß von Mensch" derartig sprinten könnte. Gesichert durch Clarke und McKensie sowie die „Hausverdrahtung" hatte er sich an den Panzer herangemacht. Vorsichtig prüfte er, ob die Amis ihr Fahrzeug nicht vielleicht ähnlich „versichert" hätten, wie sie es jetzt selbst in ihrer Unterkunft waren. Frech leuchtete er mit der Taschenlampe in den Fahrerraum. Als er keinerlei derartige „Schweinereien" entdecken konnte, stieg er ein. Schon bald darauf hörten wir das Knallen der Auspuffe, und der Motor heulte dröhnend auf. Noch ehe etwas passierte, bewegte sich der Panzer auf die Straße zu.

„Abfahren!" ertönte es aus unseren Lautsprechern. Anschmeißen und ohne Licht losfahren war für Shank wieder eins. Erst nach der ersten Kurve schalteten wir wieder die Scheinwerfer ein. Aber im gleichen Augenblick zuckte hinter uns ein gewaltiger gelbroter Blitz auf. Den Knall der Explosion konnten wir jedoch wegen der lauten Motorengeräusche des Panzers nicht hören.

„Das war das erste Sanatorium mit Selbstbedienung, das wir eröffnet haben", brüllte mir Shank zu. Ich machte ihn darauf aufmerksam, daß er lieber langsamer fahren sollte, denn ich wußte noch von der Ausbildung her, daß der Sherman auf der Straße höchstens Tempo 40 fahren konnte. Außerdem brauchte Ashburn – insbesondere bei diesen Schneeverhältnissen – einige Zeit, um sich an den Kasten zu gewöhnen. So ein Ding schlitterte ganz schön durch die Kurven.

Kurz vor dem Ort Bomerke hielten wir wieder an. „Mensch, macht der Sherman einen Radau", meinte Finch. Dann hatte uns der Panzer eingeholt. Ashburn stellte den „Krachmacher" ab. Alle lauschten wir in die Nacht, ob nicht ein nahendes Motorengeräusch zu hören wäre. Aber nichts dergleichen. Nur in der Ferne wummerte die Front.

Die Kolonne fuhr weiter und kam nach kurzer Zeit nach Campogne. Dort bog Shank laut Anweisung auf die Hauptstraße N 26 ein. Durch den Lautsprecher meinte Clarke – so wie nebenbei erwähnt:

„Sehe ich richtig, ist da im Straßengraben Telefonkabel?"

Shank ging sofort in die Bremsen, und wir stiegen beide aus. Schnell schnappten wir uns die Äxte und hauten alle Leitungen durch. Dann brausten wir ein Stück voraus, und während Shank wendete, kappte ich auch hier noch einmal die Drähte. Sofort fuhren wir mit dem Jeep zu den haltenden Fahrzeugen zurück. Als wir beim Panzer ankamen, war Ashburn gerade dabei, im Schein einer Taschenlampe aus den abgeschlagenen Kabeln eine Schlaufe zu fertigen und sie über den hinteren Abschlepphaken zu hängen. Dann startete er den Sherman und fuhr ab, runter von der Straße und quer über die Schneefläche weiter – hinter sich immer etwa fünfzehn Kabel, die fast tausend Meter lang waren. Die armen Störungssucher würden morgen Augen machen, wenn sie vor einem Ende stünden und keinen Anfang mehr fänden. Zu allem „Glück" begann es wieder leicht zu schneien, so daß die Spuren unserer Arbeit bald nicht mehr zu sehen sein würden.

Vor uns tauchte eine bewaldete Anhöhe auf, auf die wir zufuhren. Shank hatte den Allradgang eingelegt, und der Jeep kletterte den Hang mühelos hinauf. Von der Waldspitze kam ein kreisendes Lichtzeichen. Darauf fuhr Shank zu, bis wir mit dem Jeep wieder neben dem Panzer standen. Auch die beiden anderen Fahrzeuge kamen bald an.

Clarke meinte, wir sollten hier den Rest der Nacht verbringen. Carty, der Umschau gehalten hatte, kam zurück und meldete, daß in etwa fünfzig Metern Entfernung eine Waldlichtung sei, in der die drei Radfahrzeuge und der Panzer nebeneinander Platz hätten. Also starteten wir erneut, um dann unterzuziehen. Während die anderen Vorbereitungen für die Übernachtung trafen, machten sich Finch und ich zusammen mit Ashburn daran, den Sherman einer genauen Inspektion zu unterziehen.

Es handelte sich – wie bereits gesagt – um einen des Typs „M3 A1". Er hatte 32 Tonnen Gewicht, sein Unter- und Oberteil waren aus einem Stück gegossen. Ebenso war es der Turm, der mit einer 7,5-cm-Kanone bestückt war. Weiterhin hatte der Panzer ein schweres Maschinengewehr von 12,7 mm sowie ein leichtes MG von 7,62 mm Kaliber, das in die Funkerluke eingebaut war. Seine Geschwindigkeit im Gelände reichte nicht über 15 km/h hinaus.

Als wir mit der Taschenlampe unter die Motorklappen leuchteten, stellte ich mit Schrecken fest, daß wir ein Modell mit der serienmäßigen Flugzeugsternmotoren-Ausrüstung erwischt hatten.

„Da haben wir uns ja ein ‚Feuerzeug' gestohlen!"

Clarke fragte Ashburn, was das nun wieder bedeuten sollte?

„Ja", meinte der und kratzte sich hinter den Ohren, „wenn dieser Apparat längere Zeit mit Vollgas gefahren wird, kocht er über und braust auf, das heißt, das Mistding wird brennen."

McKensie fragte dann, wieviel Kilometer schon auf dem Tachometer stünden. Ashburn erklärte, daß der Panzer bereits mehr als 3000 Meilen – also rund 5500 km – hinter sich hätte. An so etwas hatte Clarke nicht gedacht, als er mit McKensie den Plan für den Diebstahl des Shermans ausgeheckt hatte. Aber das nützte nun alles nichts mehr. Wir konnten nur hoffen, daß uns der Panzer in den nächsten Tagen nicht im Stich ließ.

Crouse tauchte aus dem Luk des Ladeschützen auf und teilte uns mit, daß der Panzer für höchstens 50 km Sprit verfahren hatte. – Wenigstens ein Lichtblick! So gelang es mir und Ashburn, die aufgetretenen Zweifel zu zerstreuen, so daß wir froh sein sollten, überhaupt diesen Sherman zu besitzen.

Finch entdeckte, als er einen vollen Munitionsbestand festgestellt hatte, eine Kiste mit Whisky-Flaschen. Shank meinte, allein die wären die Sache schon wert; denn nun könnten wir uns „einen Ordentlichen hinter den Knorpel brausen" lassen. Aber Clarke hatte dagegen seine Einwendungen. Ob wir „verrückten Hühner" denn nicht daran dächten, daß wir bereits mit Pervitin vollgestopft wären? Er brauchte uns nicht mehr zu erklären, daß diese starke Droge in Verbindung mit Alkohol eine verheerende Wirkung haben würde. Wir sahen das auch so schon ein.

Und – wie es sich für einen guten Verpflegungsmeister gehörte – fand Crouse dann noch in der Ladekiste, in die eigentlich die abgeschossenen Kartuschen fallen sollten, fünfzehn Stangen Zigaretten von den Marken „Camel" und „Lucky Strikes". Aber auch für mich Nichtraucher waren in einer Tragetasche mehrere Tafeln Schokolade. Aber, versprach uns Clarke, wenn wir kräftiges Essen zu uns genommen hätten, bekäme jeder zum besseren Einschlafen einen Feldbecher voll Whisky.

Finch, unser Funker, wollte versuchen, mit den Spezialwerkzeugen das Funksprechgerät des Panzers auf die Frequenz unserer Sprechgeräte in den Wagen abzustimmen. Hoffentlich würde ihm dies gelingen, meinte Ashburn, denn dann könnte er viel besser an unserem Krieg teilnehmen.

Wir alle waren der Meinung, daß wir uns trotz der wenigen Stunden, die wir erst zusammen waren, prächtig verstanden. Douglas traf es genau:

„Schließlich sind wir ja auch Fallschirmjäger!"

Im Geiste versuchte ich, meine Kameraden in der Kommandogruppe zu charakterisieren:

Douglas, unser Kleinster, kam aus Dresden. Sein Englisch klang noch immer sächsisch – nur nicht angelsächsisch. Es war fürchterlich. Seine Lieblingsbeschäftigung war Essen, und die größte Freude konnte Crouse ihm damit machen, wenn er ihm einen Extrabecher mit Bohnenkaffee anbot. Immer war er willig und sofort bereit, den Wunsch zu erfüllen, den ein Kamerad an ihn herantrug.

McKensie war von gedrungener Figur. Er war ein Pionierfachmann und kam aus Düsseldorf. Seine spaßigen Redensarten lösten bei uns immer Lachsalven aus.

Ashburn, der Panzerfahrer, war eine Hünengestalt. Wie der mit seinem breiten Kreuz so schnell durch die Fahrerluke kam, war immer wieder ein Wunder. Seinen Angaben nach war er früher einmal in der Division des Panzergenerals Guderian gewesen, bevor er sich aus Rußland zur Fallschirmtruppe gemeldet hatte. Seine Hände waren so groß, daß für sie bei der Einkleidung im Schloß „M" keine amerikanischen Handschuhe aufzutreiben waren. Er war Schwabe und kam aus Blaubeuren.

Carty, der Fahrer des kleinen Lastwagens, bewegte sich wie ein Eintänzer der zwanziger Jahre. Er kam aus Berlin, und wenn er berlinerte, verstanden wir kein Wort – jedenfalls ich nicht. Er hatte durchblicken lassen, daß er bei der Nachtjagd der Reichsverteidigung gewesen war, bevor er sich freiwillig zu den Fallschirmjägern gemeldet hatte.

Crouse war uns als Koch zugeteilt worden. Er konnte

aus unseren amerikanischen Verpflegungsbeständen auf
seiner kleinen Benzinkochstelle immer ausgezeichnetes
Essen zubereiten. Er war von der Insel Usedom, und eine
Marotte war es von ihm, alle Sätze mit „Wenn ich beden-
ke, daß . . ." zu beginnen. Nun sollte er als Ladeschütze
im Panzer mitfahren.

Finch, der Funker, war mit seinen Eltern elf Jahre in
Amerika gewesen und sprach in unserer Kommandogruppe das beste Englisch. Seine Eltern hatten in Wil-
helmshaven ein Schiffsausrüstungsgeschäft. Er trug eine
original-amerikanische Brille. Ununterbrochen konnte
er Witze erzählen.

Shank, der Fahrer unseres Jeep, kam aus Butzweiler bei
Köln. Er hatte die Sprungeinsätze mit dem 1. Fallschirmjäger-Regiment und die Kämpfe am Monte Cassino hinter sich. Außerdem war er auch bei der Bekämpfung der
Invasion in der Normandie dabei. Er war Student der
Philologie und während seiner Studienzeit kurz in Amerika gewesen.

Unser Kommandoführer, der Chaplain Clarke, mußte
seiner Aussprache nach aus Ostpreußen kommen. Von
ihm ging eine Ruhe aus, die sich jedem spürbar mit-
teilte. Wenn er einen Auftrag gab, war dieser so präzi-
se, daß es keiner Rückfrage mehr bedurfte. Über seine Person hatte er noch keinerlei Auskunft gegeben,
und wir hatten es unterlassen, ihn danach zu fragen.
Er war auch ein großer, stattlicher Kerl und hatte dabei einen wiegenden Gang. – Mich, als den Jüngsten in
der Gruppe, hatte er offensichtlich besonders ins Herz
geschlossen.

So saßen wir im Wald und warteten auf den neuen Tag.
Finch hatte es tatsächlich fertiggebracht, das Funkgerät im Panzer mit den anderen abzustimmen. Über diese Leistung war Ashburn am meisten begeistert. Wenn

er sich jetzt den ledernen Panzerhelm mit den Kopfhörern und dem eingebauten Mikrofon über den Kopf stülpte, konnte auch er Befehle empfangen und welche geben.

Aus dem Funkgerät im Jeep hörten wir leise Musik des „AFN" (American Forces Network).

Clarke bedeutete mir, daß ich, falls Ashburn ausfallen sollte, den Sherman fahren müßte, schließlich hätte ich ja auf der Fallschirmjäger-Kampfschule in Mourmelan-le-Grand auch eine entsprechende Ausbildung bekommen. Er sagte, daß er das aus meinen Papieren wüßte. Ich war erstaunt. Clarke hatte also die Leute seines Kommandos „per Papiere" schon vorher gekannt.

Dann mußten William und ich auf Wache ziehen. Wir drehten unsere Runden um das Lager und die Fahrzeuge. Lautlos bewegten wir uns auf dem feuchten Boden des Tannenwaldes. Immer wieder blieben wir stehen und horchten in die Nacht, vernahmen jedoch keine verdächtigen Geräusche. Am Waldrand verharrten wir dann einmal für eine längere Zeit. Ich nahm mein Fernglas und suchte das vor mir liegende Tal ab. Plötzlich tauchte ein Licht auf. Es bewegte sich von rechts nach links durch das Sichtfeld des Glases.

Ein Fahrzeug, dachte ich und schwenkte langsam wieder nach rechts. Erneut tauchte ein weiteres Licht auf. Immer mehr folgten. Auch William war wie ich der Meinung, daß da unten im Tal eine Straße verlaufen mußte, auf der sich die ausgemachten Fahrzeuge bewegten. Nur waren wir uns darüber nicht schnell einig, ob wir wegen dieser Feststellung Clarke wecken sollten. Schlaf war mit das Dringendste, das wir benötigten. Erst als ich zu unserem Lagerplatz zurückging, während William weiter auf Ausguck blieb, um die nachfolgenden Posten zu wecken, suchte ich auch nach Clarke.

Ich fand unseren „Boß" dann neben dem Jeep in einem Schlafsack. Weil ich ihn so unsanft geweckt hatte, entschuldigte ich mich wegen der Störung. Aber er meinte, daß das nichts ausmache; denn schließlich sei er ja nicht zum Schlafen in das amerikanische Hinterland gefahren. Schnell hatte er sich aus seinem Schlafsack geschält, beim Aufstehen schon sein großes Fernglas ergriffen und war mit mir zum Waldrand gegangen. Unterwegs meinte er:

„Ich bin für jede Meldung dankbar, auch wenn ich vermeintlich gestört werde. Daraus ersehe ich immerhin, daß ich mich auf euch Brüder verlassen kann."

Als wir bei Shank angekommen waren, erklärte der uns, daß bis jetzt so ungefähr 80 Fahrzeuge auf dieser Waldstraße gekommen seien. Der Kommandoführer suchte das Gelände genau ab und sagte dann:

„Wo eine Straße ist, ist vielleicht auch eine Brücke!"

Während Finch und Carty den Posten einnahmen, gingen Clarke, Shank und ich zu den Fahrzeugen zurück. Auf der Motorhaube des Jeeps breiteten wir unsere Karte aus, warfen eine Wolldecke über uns und schalteten darunter unsere Stablampen ein. Wir kamen zu dem Schluß, daß es sich um die Straße handeln müsse, die in südlicher Richtung nach Bastogne führte. Bald fanden wir auch nahe unserem derzeitigen Standort einen Fluß eingezeichnet. Shank meinte:

„Fluß plus Straße gleich Brücke!"

Während unseres Kartenstudiums wurde die Decke etwas angehoben und eine Hand stellte einen Becher voll duftenden Bohnenkaffees darunter. Wir merkten aber schon vor dem Trinken, daß dieser Kaffee sehr stark mit Whisky „angereichert" war.

Der dritte Tag im amerikanischen Hinterland
(19. Dezember 1944)

Der „Kwai" ohne Brücke

Nach Tagesanbruch suchten wir vom Waldrand aus die Gegend ab. Mit den Ferngläsern folgten wir den Fahrzeugen, die nach der Waldausfahrt auf der Straße zu sehen waren. Douglas meinte plötzlich: „Da is ja ne Brigge!" Tatsächlich! Jetzt konnten auch wir sie sehen. Logan bedankte sich bei Douglas wegen seines wachsamen Auges. Der war über dieses Lob hocherfreut. Dann wurden McKensie und Shank beauftragt, mit dem Jeep die Gegend abzufahren und die Brücke ausfindig zu machen und „zu besichtigen".
Die beiden bestiegen den Jeep und fuhren schon an, als Clarke sie noch einmal stoppte und ihnen den Hinweis mit auf den Weg gab, daß sie, sollte es zu einer Feindberührung kommen, sofort mit der Leuchtpistole „Rot" schießen sollten, falls das noch möglich wäre. Vom Panzer aus würde ihr Jeep ständig beobachtet werden, wenn dieser wieder in unser Blickfeld käme. – Die Rückkehr wurde auf 10.00 Uhr festgelegt.
Ich erhielt den Auftrag, die Panzerkanone auf die Brücke einzurichten. Außerdem sollte ich durch die Optik den Fahrzeugverkehr und unseren Jeep, wenn die-

ser bei der Brücke angelangt wäre, ebenfalls „im Auge behalten". Als ich in den Panzer einstieg, mußte ich feststellen, daß der im Innern mit einer Rauhreifschicht überzogen war. In kürzester Zeit war ich durchgefroren, und durch meinen Atem beschlug sofort die Zieloptik. Ohne Betrieb des Panzermotors, der gleichzeitig als Heizung dienen und die Optik offenhalten sollte, war mein Vorhaben nicht durchführbar. Aber unsere Sicherheit und der unnötige Spritverbrauch ließen es nicht ratsam erscheinen, den Motor laufen zu lassen. Nur für den Ernstfall behielten wir uns das vor, das heißt, falls wir genötigt wären, einzugreifen.

Um 09.00 Uhr ertönte es aus dem Lautsprecher:

„Hallo, wir haben Motorschaden und stehen auf der Brücke der Straße N 34. Der Sergeant-Major untersucht die Sache! Wir werden zur vorgeschriebenen Zeit nach Logan zurückkehren!"

Aus dieser Formulierung erkannten wir, daß es unsere „Kundschafter" waren, die diese Mitteilung machten. Immer noch hatten wir die Brücke im Sichtbereich unserer Gläser. Etwa 4000 Meter von uns entfernt lag sie im Tal. Durch die Abstände der fahrenden Fahrzeugkolonnen konnten wir tatsächlich einen Jeep erkennen, der auf der Brücke hielt.

Kurz vor 10.00 Uhr kam Carty vom Ausguck an der Waldspitze angerannt und meldete, daß auf der Straße, auf der wir gestern gekommen waren, ein Jeep quer über das Feld auf uns zukäme. Clarke, Carty und ich schnappten uns die Maschinenpistolen und liefen an den Waldrand. Wirklich, so ein Fahrzeug erklomm die Anhöhe. Im Fernglas konnten wir dann bald ausmachen, daß es unsere Männer waren; denn Shank hatte sich aus dem Jeep gebeugt und winkte mit seinem Stahlhelm. Gleich darauf hatte der Jeep auch schon unseren Lagerplatz erreicht. McKensie, der Pionier, gab uns einen fachmännischen Bericht: Es handelte sich bei dieser Brücke um eine in Leichtbauweise mit einer Tragkraft von soundsoviel Tonnen Gesamtgewicht. Die Pfeiler der Brücke seien beiderseits des Flusses in ein Betonfundament gebettet. Er selbst sei von der Brücke die Böschung hinabgerutscht und habe sich den Unterbau genau angesehen. Außerdem hätten sie einen genialen Ausgangspunkt für unser Unternehmen gefunden, nämlich den feindfreien kleinen Ort Mousny, westlich der Straße N 34 und südlich von Ortho. Von Mousny aus führe in südlicher Richtung ein Weg zu einer kleineren Brücke, die ebenfalls diesen Fluß überquere. Der Einsatz der drei Schlauchboote wäre von dort aus bestens möglich. McKensie erklärte noch, welche Mengen an Sprengstoff und „Lewisbomben" vorbereitet werden sollten. Er nahm einen Skizzenblock zur Hand und entwarf eine Zeichnung, damit wir anderen es besser „begreifen" könnten. Die beiden Tragpfeiler wollte er mit einigen „Lewisbomben" abschmelzen, wie er es auf der Pionierschule in Dessau-Roßlau, die er scherzhaft als „Pionier-Universität" bezeichnete, gelernt hatte. Den Rest der Sprengung müßten dann Dynamitstäbe mit Abreißzündung und vor allem die großen Sprengsätze mit Fernzündung besorgen. Lächelnd meinte er, daß er „das Ding" schon „puttkriegen" würde.

Wir stellten Posten aus und begannen mit dem Ausladen des Sprengstoffes, der im Sankra und im Lastwagen verstaut war. Auf McKensies Anweisungen wurden die erforderlichen Mittel und Geräte auf dem Waldboden ausgebreitet. Vorsorglich hatten wir zwei Tragen aufgeklappt und in die Halterungen des Sanitätswagens eingehängt. Genau „nach Vorschrift" wurden die Sprengmittel so eingeladen, wie sie der Reihe nach zum Umladen in die Schlauchboote dann später benötigt wurden. Sorgfältig deckten wir den Sprengstoff mit Decken ab, damit während der Fahrt nichts herunterfallen konnte. Als wir unsere Arbeit beendet hatten, servierte Crouse ein Mittagessen, das ganz vorzüglich schmeckte. Nach dem Essen – wie konnte es anders sein – gab es wieder Bohnenkaffee. Ich erwähne ihn so oft, weil ich deutlich machen will, was er uns damals bedeutet hat!

Als ich den ersten Schluck aus dem Feldbecher machte, spuckte ich sofort alles wieder aus:

„Das Wasser ist angebrannt!" rief ich.

Alle schauten mich verdutzt an.

„Was ist los? – Das Wasser ist angebrannt? – Du bist wohl schon verrückt geworden?"

So mußte ich es von einigen Kameraden hören. Einer wußte es ganz genau:

„In Bayern, bei Norrie zu Haus, da gibt es halt ein Spezialwasser, das auch anbrennen kann!"

Da aber platzte mir der Kragen. Welcher Bayer läßt schon sein Heimatland beleidigen?

„Ihr Deppen", meinte ich lautstark, „probiert's doch selber, dann merkt ihr's schon, daß der Kaffee nach verbrannten Tannennadeln schmeckt – falls ihr überhaupt einen Geschmack auf der Zunge habt!"

Um mich aber selbst auch noch zu vergewissern, ging ich zur Kochstelle, nahm den Aluminiumtopf und schüttete den Kaffee aus. Tatsächlich lagen auf dem Boden des Topfes die schwarzen Stäbchen, die einmal Tannennadeln waren, ehe sie unser „Wunderkoch" so arg mißbraucht hatte. Von nun an war es gewiß: Bayern war doch ein Land der fortgeschritteneren Kultur! Das drückte sich dann auch in meiner Sprache besonders deutlich aus:

„Ihr Hanswursten, ihr saudummen! – Da haben unsere Mönche in bayerischen Klöstern schon Bier gebraut, als ihr noch eure Bürgermeister gefressen habt! – Da, wo ihr her seid, werden abends um acht die Bürgersteige hochgeklappt und das Licht mit dem Hammer ausgemacht!"
Entsetzt sahen mich alle an. Sie glaubten offenbar wirklich, daß es mich „erwischt" hätte. Jedem hielt ich den Topf unter die Nase und fragte ihn, ob dies vielleicht geröstete Mandeln seien, die da „so schön angebrannt" wären. – Nein! Natürlich nicht! – Nur der Crouse, der dusselige Hund, habe beim Einfüllen von Schnee nicht achtgegeben und die Tannennadeln mit aufgesammelt. Hätte er wenigstens nach dem Schmelzen des Schnees aufgepaßt, so hätte er die schwimmenden Tannennadeln sehen können. – Aber der hätte ja Tomaten auf den Augen. –

Inzwischen hatten es aber alle gemerkt, daß der Kaffee wirklich „angebrannt" schmeckte. Besonders wohl tat mir die Anmerkung, daß sich „bei den Pimpfen" doch allerhand Nützliches auf den Fahrten lernen ließe. In der Gruppe gab es deshalb aber keinen ernsthaften Streit. Nur ganz bekümmert meinte Crouse, daß er so etwas noch nie gehört hätte, und es würde für ihn nun eine Lehre sein, wenn er wieder im Wald Schnee für Kaffeewasser nehmen müßte. – Das war ein Ding! Er konnte es gar nicht fassen.

Ich hatte mir dann meinen Schlafsack genommen und mich neben einem kleinen Tannenbaum auf den Waldboden gelegt. Es roch stark nach Moos. Als ich aufgeweckt wurde, dämmerte es bereits. Es gab einen warmen Imbiß und dazu Bohnenkaffee; aber diesmal mit etwas Whisky – zum Durchwärmen!
Wir waren wieder am Jeep versammelt. Clarke teilte

die Gruppe für das Unternehmen auf. Zur Brückensprengung wurden McKensie, Shank, Crouse und ich eingeteilt. Clarke kam ebenfalls dazu. Die Fahrzeuge fuhren: Douglas den Sankra, Carty den Laster, Finch den Jeep und Ashburn seinen Sherman. Zum ersten Mal würde unsere Kommandogruppe getrennt operieren.

Wir sollten nach Beendigung der Vorarbeiten zur Sprengung mit den Schlauchbooten flußabwärts fahren und dann erst wieder mit den Kameraden, die die Fahrzeuge brachten, an einer Stelle nach einem großen Flußbogen zusammentreffen. Um 19.00 Uhr verließen wir unseren Lagerplatz in Richtung Straße. Noch ehe wir sie erreichten, kam aus der Gegend, in die wir fahren wollten, eine Lastwagenkolonne. Im Licht unserer Scheinwerfer fuhren wir aneinander vorbei. Wir hatten nicht den Eindruck, besonders beachtet worden zu sein. Als wir eine Straßenkuppe überfahren hatten, konnten wir links von der Straße die Häuser von Ortho sehen.

Shank bog mit dem Jeep auf die Nebenstraße. Nach etwa tausend Metern zweigte er wiederum nach links in einen schmalen Weg ein. Langsam fuhren wir auf Mousny zu. Bei der Einfahrt in den Ort konnten wir keine Armeefahrzeuge entdecken. Auch in den Häusern war keinerlei Licht festzustellen. Nach einer Kurve befanden wir uns nur noch auf einem schmalen Feldweg, und vor uns tauchte die kleine Flußbrücke auf. Wir hielten an. Die nachfolgenden Fahrzeuge fuhren zum offenen Viereck auf. Der Panzer wurde so plaziert, daß er das Ausladen beschützen konnte. Douglas, Carty und Finch wurden etwas abseits im Gelände als Sicherungsposten verteilt.

Zischend fuhr die Druckluft aus den kleinen Flaschen in die Wülste der drei Schlauchboote und blies diese sehr schnell auf. Wir legten die Lattenroste hinein, und ge nau nach Plan wurden die Boote beladen. An der hinteren Wulst wurde so viel Platz freigelassen, daß der „Schipper" seine Füße gerade noch hineinstellen konnte, während er auf dem Bootsrand saß und steuerte. In je eineinhalb Booten waren die gleichen Mengen eingeladen worden. Mit einem Tau banden wir sie mit einem Abstand von einem Meter hintereinander, um zu vermeiden, daß eines abgetrieben wurde. Vorsichtshalber hatte aber noch jedes Boot einen Widerhaken-Anker an einer fünf Meter langen Kette.

Sorgfältig fragte McKensie den Inhalt der Boote ab. Dann ging er noch einmal zum Sankra zurück und leuchtete mit der Taschenlampe in den Innenraum, ob nicht vielleicht doch etwas vergessen worden wäre. Es war jedoch alles ordnungsgemäß ausgeladen worden. – Es geht eben nichts über eine gute Vorplanung.

Dann machten wir einen „Gleitversuch" und waren zufrieden, daß sich die vollen Schlauchboote verhältnismäßig leicht über den Pulverschnee ziehen ließen. McKensie und Shank gingen am Fluß entlang und suchten eine Stelle, an der die drei Boote gut zu Wasser gelassen werden konnten. Wir verteilten uns an die „Schlitten" und zogen sie gleichzeitig mit leisem Hau-ruck zum Uferhang. Wir kamen mit der schweren Last ganz gut vorwärts. Hinter uns hörten wir, daß der Motor des Panzers angelassen wurde. Er und die anderen Fahrzeuge fuhren nun schon nach Ortho zurück, um auf Umwegen über den Ort Herlinwal den Fluß dort zu erreichen, wo er eine Schleife macht und wo wir uns wieder treffen wollten. Als Erkennungssignal wurde wieder das grüne Lichtzeichen ausgemacht. – Hoffentlich würde alles gutgehen!

McKensie saß im ersten, Clarke und Crouse im zweiten und Shank mit mir im dritten Schlauchboot. Shank riß den Anker aus dem Flußufer, und sofort trieben die drei Boote mit der Strömung des Flusses ab. Leichter Schneefall setzte wieder ein. Die aneinandergebundenen Boote ließen sich mit den Paddeln leicht steuern. Schon bald, nachdem wir aus einem Flußbogen gekommen waren, konnten wir vor uns einen hellen Lichtstreifen erkennen. Das mußten die Kolonnen sein, die über die Brücke fuhren. Bald darauf tauchte vor uns auch schon der Schatten der Konstruktion auf, die wir zu sprengen gedachten. Mühelos fanden wir eine Stelle, an der wir die Boote gut anlanden konnten.

McKensie gelang es, mit der Kante seines Paddels in der hier gemauerten Uferböschung einen Halt zu finden. Shank reagierte sofort und schleuderte den Anker auf die Böschung, an der dieser sogleich hängenblieb. Damit war die Anfahrt geschafft und ein Abtreiben der Boote durch die Strömung nicht mehr möglich. Auch die Anker der anderen Boote fanden klirrend Halt.

Es kostete uns allerhand Kraft, mit den schweren Gummiüberschuhen auf den feuchtglatten Ufersteinen hochzukommen. Jedoch mit größter Anstrengung gelang es uns, die Steinbefestigung zu erklimmen. Als wir auf dem Rand nebeneinander standen, sahen wir ein neues Hindernis. Eine breite Fläche war mit Stacheldraht abgesichert. Und ausgerechnet darin hatten sich die Bootsanker verkrallt. Ich gab zu bedenken, daß uns nun Minen gerade noch fehlten. Vorsichtig begannen wir mit Pionierzangen, die wir uns in die Gürtel gesteckt hatten, in den Stacheldraht eine Gasse zu schneiden. Behutsam schoben wir dabei Fuß vor Fuß, um nicht auf Unliebsames zu treten. So arbeiteten wir uns langsam durch das Stacheldrahtfeld auf den Pfeiler der linken Brückenseite zu.

Als wir uns dicht unter der Brücke befanden, war über uns der Fahrzeuglärm so stark, daß wir uns laut zuschreien mußten, wenn wir uns verständigen wollten. Nachdem wir genügend Platz freigeschnitten hatten, um die Sprengmittel und Geräte ablegen zu können, begannen wir mit der schwersten Arbeit, dem Entladen der Boote. Zu diesem Zweck wurde ein Mann an einem Seil festgebunden, das im Stacheldrahtverhau verknüpft war. Der Mann im Schlauchboot warf die Sprengsätze und das Werkzeug hoch, und Shank mußte alles kunstgerecht auffangen.

Nach Anweisung von McKensie wurde alles so abgelegt, wie es dann benötigt wurde. Jaromie wollte die Vorbereitung der Sprengung allein machen; wir waren bei dieser Arbeit nur seine Handlanger. Einen Fehler durften wir uns nicht erlauben, wenn unser Plan, die Brücke „wegzuputzen", ein Erfolg werden sollte.

Gekonnt brachte McKensie die Sprengsätze an den Streben der Brückenträger an und legte mit den „Lewisbomben" einen Ring um den starken Tragpfeiler. Damit kein Sprengsatz abrutschen konnte, wurde jedes Teil noch besonders mit Draht festgebunden. Nur mit dem wenigen Licht abgedunkelter Taschenlampen schloß er die Stromleitungen an die Sprengsätze und verband diese kunstgerecht miteinander. Die Enden des Stromkabels wurden von McKensie sorgfältig gekennzeichnet, um eine Verwechslung beim Anschluß zu vermeiden.

Als ich auf das Zifferblatt meiner Armbanduhr sah, war es genau 22.00 Uhr. Wir hatten also bisher schon für die Vorbereitung zur Sprengung der einen Brückenseite fast drei Stunden gebraucht. Nun aber kam erst noch ein besonders schweres Stück Arbeit: hinüber zur anderen Seite.

Crouse mußte in das letzte Schlauchboot zurück, während McKensie und Shank auf den Trägern entlangturnen mußten. Auch Clarke und ich kletterten dann in die Verstrebungen, um so hinüberzukommen. Dann begannen wir damit, auch hier eine Gasse in den Stacheldraht der Uferböschung zu schneiden. Nun löste Crouse die Verbindungen, die die Boote gehalten hatten, und wir zogen ihn mit Hilfe eines langen Seiles, das Shank mit auf die andere Seite genommen hatte, über den Fluß. Nur unter Aufbietung aller Kräfte war es möglich, das Abtreiben der Schlauchboote mit der Strömung zu verhindern. Aber dann war uns auch diese schwierige Arbeit gelungen, und die Boote wurden an mehreren Pfählen festgebunden.

Wieder warf Crouse nach McKensies Anweisungen gekonnt die Sprengsätze und andere Gerätschaften ans Ufer, wo sie von uns aufgefangen wurden. Als wir alles, was für diese Seite benötigt wurde, abgelegt hatten, begann erneut die zeitraubende Arbeit der Anbringung der Sprengsätze für diesen Brückenteil.

Hier ging es aber schon schneller. Bald waren die Einzelteile an den Pfeilern und Trägern befestigt. McKensie hatte dann auch hier die Drahtverbindungen zusammengefaßt und kletterte mit Shank auf die andere Brückenseite zurück. Dort lag noch die große Kabeltragrolle, an die nun die weiteren Drähte angeschlossen werden mußten. Nach einiger Zeit hatte McKensie es aber auch geschafft und gab uns mit der Taschenlampe das Zeichen, mit den Schlauchbooten abzufahren.

Vorsichtig, um ein sehr kaltes Bad zu vermeiden, stiegen wir mit Hilfe der Leinen, an denen die Boote festgemacht waren, in die schwankenden Untersätze ein. Auf Clarkes Kommando schnitten wir mit unseren

scharfen Kappmessern die Taue durch, und die Schlauchboote trieben sofort vom Uferrand ab. Gekonnt, wie auf
der „Pionier-Universität" gelernt, steuerten wir die Boote
in die Flußmitte und ließen uns von der Strömung fort-
treiben. Schnell entschwand die Brücke unserem Blickfeld, lediglich die Lichter der darüberrollenden Fahrzeuge waren dann noch auszumachen. Zwei von uns waren
nun noch „am Feind".

McKensie und Shank hatten sich inzwischen durch den
Stacheldraht eine Gasse geschnitten, um so wieder auf
das freie Schneefeld östlich der Brücke zu kommen.
Nun trugen sie zwischen sich die Kabelrolle, von der der
Draht ablief.

Wir hatten bald den großen Flußbogen erreicht und
konnten in der Ferne die Waldspitze gegen den Himmel erkennen, wo wir uns mit den wartenden Kameraden treffen wollten. So gut wir konnten, versuchten
wir, mit den Paddeln die Schlauchboote so zu lenken,
daß wir an die linke Uferseite kamen. Während wir
noch knapp neben dem Uferrand fuhren, sprang Clarke
mit einem Satz aus dem Schlauchboot an Land und
hielt die drei zusammengebundenen Fahrzeuge an dem
Tau fest, das er mitgenommen hatte. Auch Crouse wagte den Sprung ans Ufer und unterstützte so das Manöver. Breitbeinig stand ich noch in dem wackelnden
Boot und hielt mich an Zweigen, die ins Wasser hingen,
fest. Nur mit Mühe gelang es mir, dann auch an Land
zu kommen. Wir zogen die drei Schlauchboote in eine
kleine Bucht, in der wir sie leicht aufs Trockene bringen
konnten. Dann schleiften wir sie über den Schnee auf
die Waldspitze zu. Aber es war doch recht mühsam, so
durch den Pulverschnee zu stapfen, und deshalb hielten
wir zwischendurch erst einmal an und setzten uns auf
die Wulstränder der Boote nieder. Mit den Ferngläsern

suchten wir das Gelände ab und entdeckten bald zwei dunkle Gestalten auf der Schneefläche. Nur langsam wurden sie größer und entpuppten sich dann als unsere Kameraden.

McKensie ließ sich von Clarke, der die Zündmaschine bei sich getragen hatte, den Apparat reichen und schloß die Drähte der Kabelrolle an. Dann begann er wie ein Wilder an der Kurbel zu drehen, um so den notwendigen Induktionsstrom zu schaffen. Auf einer Skala konnte man feststellen, wann der für die Sprengung benötigte Strom in ausreichender Stärke gespeichert war. Shank zog dann den Stößel aus dem Zündkasten hoch. Alles war nun zur Sprengung bereit.

McKensie erklärte uns, wie er und Shank die „Lewisbomben" an beiden Brückenpfeilern per Lichtzeichen so eingestellt hatten, daß sie die Kapseln der Bomben gleichzeitig abgebissen hätten, um derart eine synchrone Zündung zu erreichen.

„Hoffentlich", meinte Jaromie, „haut alles hin, und die Brücke geht flöten!"

Nach unseren Uhren konnte es sich nur noch um wenige Minuten bis zur Sprengung handeln. Gebannt starrten wir durch die Ferngläser dorthin, wo im Dunkeln die Brücke lag. McKensie saß auf dem Rand eines Schlauchbootes und hatte die Zündmaschine fest zwischen den Beinen eingeklemmt.

Fast wie auf Kommando blitzten an beiden Ufern die Detonationen auf. Gleichzeitig schrien wir laut auf, und McKensie stieß den Stößel mit aller Wucht in die Zündmaschine zurück. Unter der Brücke gab es einen gewaltigen, grellen Blitz, dem dann noch mehrere folgten. Durch die Gläser konnten wir sehen, wie sich die Oberseite der Brücke hob und mit einem riesigen Krach zerbarst. Während der Explosion fuhren gerade Transportfahrzeuge dicht hintereinander über die Brücke. Fahrzeug auf Fahrzeug explodierte. Es mußte sich um Munitions- und Treibstoffwagen gehandelt haben. Grelle Stichflammen schossen in den Nachthimmel, und die Druckwellen waren so stark, daß wir sie bemerkten, obwohl wir etwa zwei Kilometer entfernt standen. Die Reste der Brücke und Fahrzeuge brannten lichterloh und viele stürzten brennend in den Fluß. Aber auch der schien durch das ausgelaufene Benzin zu brennen. Es war ein immer umfangreicher werdendes Inferno. Die Explosionen breiteten sich auf der Straße dadurch weiter aus, weil die dicht aufgefahrenen Wagen der Kolonne der Reihe nach erfaßt wurden. Gebannt starrten wir in das Werk, das wir hier vollbracht hatten. – Schauerlich! Aber leider notwendig!

Clarke gab dann den Befehl zum Aufbruch, und wir zogen unsere Schlauchboote über den tiefen Schnee auf die Waldspitze zu, wo wir das für uns bestimmte, kreisende grüne Lichtzeichen erkannten. Aber immer wieder ging unser Blick zu der grausigen Szene zurück, die sich hinter uns abspielte. Als wir am Waldrand angekommen waren, sahen wir nur die Rad-Fahrzeuge.

„Wo ist der Panzer?", fragte Clarke.

Finch erklärte, daß sie den Panzer vor der Kreuzung bei Ortho verloren hätten.

„Was heißt das – verloren?", forschte Clarke weiter.

„Natürlich nur aus dem Blickfeld", ergänzte Finch seinen Bericht. Clarke war dennoch nicht ganz zufrieden.

Der freundliche „Tankwart"

Clarke gab den Befehl, die Boote schnell auszuräumen, das Werkzeug und Gerät im Laster zu verstauen. Zischend fuhr die Luft aus den Ventilen der Bootskammern, und bald waren die schweren Gummipakete verladen. Finch stieg zu uns in den Jeep, und ab ging es. Wir fuhren auf der gleichen Spur zurück, die die Wagen auf der Fahrt zum Wald hinterlassen hatten. Vorsichtshalber hatte ich mich noch davon überzeugt, daß das schwere Maschinengewehr durchgeladen und entsichert war. Schon bald hatten wir den kleinen Ort Herlinwal erreicht. Langsam durchfuhren wir das Dorf, das wir feindfrei vermuteten. Kurz vor der Kreuzung, die etwa einen Kilometer östlich von Ortho liegt, kam uns auf der Straße ein Panzer entgegen. Zur Warnung für die anderen faßte ich nach der Sprechtaste und rief:

„Achtung! Panzer von vorn!"

Gleichzeitig griff ich nach hinten und angelte mir eine „Bazooka". Finch packte gleich noch entsprechende Ersatzmunition aus. Ich sprang aus dem Jeep, rannte seitlich voraus und warf mich in den Schnee. So gut es bei den herrschenden Lichtverhältnissen möglich war, visierte ich mit der fremden „Panzerfaust" den Schatten an. Doch der stoppte, und geräuschvoll wurde der Motor abgestellt. Ungefähr vierzig Meter vor mir stand nun der Koloß auf der Straße. Dann gab er mit seinen kleinen Scheinwerfern Blinkzeichen. Gleich darauf kam von unterhalb des Turmes ein grüner Schein. Dabei wurde „Percy!" gerufen. Sofort ließ ich die „Bazooka" in den Schnee fallen; denn nun waren wir sicher, daß es unser braver Ashburn war.

Wuchtig haute uns dieser „Übermensch" seine Pranken auf die Schultern und gratulierte uns zu dem veranstalteten Feuerwerk.

„Dickie", sagte Clarke und bremste damit seinen Freudentaumel. „Du hast mir ja ganz schön Kummer bereitet. Ohne dich und deinen Panzer sind wir doch aufgeschmissen. Was war denn los?"

Ashburn erklärte sein Ausbleiben:

Kurz vor der Kreuzung bei Ortho habe er mit Entsetzen feststellen müssen, daß dem Panzer der Sprit auszugehen drohte. Plötzlich hatte das rote Licht am Armaturenbrett aufgeleuchtet. Da hatte er angehalten und wollte lieber gleich aus dem Reservekanister nachfüllen, ehe er an einer ungünstigeren Stelle „hängengeblieben" wäre. Aber kaum hatte er den Motor abgestellt, da hätte auch schon ein MP-Soldat vor ihm unter der Panzervorderseite gestanden und ihm mit der Taschenlampe ins Gesicht geleuchtet und ihn gefragt, ob er Sprit brauche. Er, Ashburn, habe nur mit dem Kopf genickt. Der Militär-Polizist hätte daraufhin aus einer Kolonne einen Tankwagen herausgewinkt und zu ihm geleitet.

Um das Betanken des Panzers habe er sich überhaupt nicht zu kümmern brauchen; denn – soweit er es habe mitkriegen können – hätte der MP-Mann den Fahrer der „Benzinkutsche" immer wieder zur Eile angetrieben. Er hatte mit Freude festgestellt, daß die beiden amerikanischen Soldaten die Benzintanks, die beiderseits des Motorraums angebracht sind, durch Gummischläuche betankten. Mit Blick auf die Treibstoffuhr habe er nur die Arbeit der beiden mit einem deutlichen „Stop!" beenden müssen. Dann sei er sofort in das Luk zurückgerutscht, habe den Panzer gestartet und sei auf die Kreuzung losgebraust. Doch als er da angekommen sei, wäre er etwas nervös geworden, denn er hätte auf einmal nicht mehr gewußt, ob er nun die erste oder erst die zweite Abzweigung auf der rechten Seite nehmen müßte. Er hätte sich dann für die zweite Straße entschieden, „was ja auch richtig war", wie er betonte, „denn jetzt bin ich mit einem vollgetankten Panzer wieder bei euch".

Treuherzig, wie Ashburn nun halt einmal war, hatte er noch gemeint, daß er doch dabei ein mächtiges „Muffensausen" gehabt habe. Lieber hätte er sich mit der Pistole erschossen, bevor er auch nur ein weiteres englisches Wort über seine Lippen gebracht hätte; denn bei seinem Englisch wäre nicht einmal der dümmste Ami-Soldat auf ihn hereingefallen. So habe er sich eben mit „Stop" begnügen müssen.

Clarke klopfte ihm auf die Schulter und sagte:

„Gut gemacht, alter Junge!"

Wir zogen aus dieser Episode noch die Erkenntnis, wie sinnvoll es doch war, bei ständigem Kartenstudium die zu erreichenden Ziele so anzusprechen, daß sie jeder immer wieder finden konnte. Damit gab Clarke den Befehl zur Weiterfahrt. Links hinter uns war noch lange die Feuerlohe zu sehen.

Als wir die Kreuzung erreicht hatten, bei der es links nach Ortho geht, fuhren wir geradeaus und kamen nach etwa einem Kilometer auf die Hauptstraße N 34 zurück. Wieder aber stand in der Gegenrichtung eine riesige Fahrzeugschlange. Die waren alle nur deshalb zum Stehen gekommen, weil die Brücke weg war. Ich meinte: „Schaut mal, die haben voll die Scheinwerfer eingeschaltet. Schade, daß jetzt keine eigenen Flugzeuge dazwischenhalten. Das wäre ein gefundenes Fressen."

Shank sagte: „Daran kann man nur die Dummheit der Amis erkennen. Die sind gar nicht in der Lage, das Ereignis, das sich einige Kilometer vor ihnen an der Brücke abgespielt hat, geistig zu verarbeiten. Bei deren Mentalität kommt gar keiner auf die Idee, nun einen geeigneten Befehl durchzugeben."

Durch einen größeren Abstand zwischen den stehenden Fahrzeugen sahen wir ein Ortsschild. Shank schlüpfte mit dem Jeep nach links ab; wir fuhren auf dieser Nebenstraße weiter und kamen nach einigen Minuten nach Boisson, dann, kurz darauf, hatten wir bereits Erneuville erreicht. Von dort benutzten wir eine Forststraße, die wiederum in einen Wald führte. Auf dieser fuhr Shank weiter. Bald – auf einer Lichtung – hielten wir an und kletterten aus den Fahrzeugen. Clarke ließ jedem einen Becher voll Whisky ausgeben.

Dann war es wieder soweit. Finch gab seine Erfolgsmeldung durch. Er schaltete am Funkgerät, setzte sich zusätzlich die Kopfhörer auf und gab seinen Funkspruch ab:

„Alfa — Romeo — Delta — Echo — November — neun! Commander – unser Fahrzeugkonvoi steht auf der N 34, die von La Roche-en-Ardenne kommt und nach Houffalize führt. Wir können nicht weiter, vor uns wurde eine Brücke gesprengt. Sehr viele Fahrzeuge sind dabei explodiert, und auf dem Fluß brennt ausgelaufener Treibstoff – Wir konnten unsere Fahrzeuge rechtzeitig in Sicherheit bringen und haben keine Verluste."

Die Antwort aus dem Lautsprecher des Funkgerätes lautete:

„Zum Tanken ist ein anderes Lager anzufahren!" –

Als Finch das Funkgerät wieder umgeschaltet hatte, hörten wir gerade noch den Suchruf der Amerikaner:

„Charly — Indian — Delta — vier — drei — sieben — bitte kommen!"

Also suchten sie immer noch unseren schwarzen C.I.D.-Agenten.

McKensie und ich zogen dann auf Posten, und sichernd umkreisten wir das Lager mit den schlafenden Kameraden. Immer wieder blieben wir stehen und horchten in den Wald. Kein Laut war zu hören, der auf einen nahen Feind schließen ließ.

Der vierte Tag im amerikanischen Hinterland
(20. Dezember 1944)

Die Warnung

Als wir während unseres Postenganges in die Nähe der Fahrzeuge kamen, hörten wir leise unsere Namen rufen:

„Jaromie, Norrie!"
Wir traten näher und sahen, daß sich die Kameraden am Jeep versammelt hatten. Logan deutete mit der Hand auf den Lautsprecher am Funkgerät. Wir hörten:

„Achtung! Soldaten der ersten United States Army! Deutsche Soldaten haben sich in amerikanischen Uniformen unter euch geschmuggelt und versuchen, euch aus dem Hinterhalt anzugreifen. Unsere Military-Police ist ihnen aber bereits auf der Spur. GIs, seid auf der Hut, die Burschen sprechen alle einwandfrei englisch und benehmen sich so wie amerikanische Soldaten auch!"
Logan befürchtete, daß dies das vorzeitige Ende für unsere Kommandogruppe wäre; denn wir hatten ja erst einen Teil der uns zugedachten Aufgaben erfüllen können. Wir kamen aber zu dem Entschluß, jetzt Tag und Nacht die Amis anzugreifen, um so zu einem baldigen

Abschluß zu kommen. Den Hauptschlag hatten wir noch gegen das Treibstofflager im Wald von La Converserie sowie das große Munitionsdepot im Wald bei Barvaux zu führen. Das wollten wir auf jeden Fall noch schaffen, und so stand unser Entschluß fest: Auf, nach La Converserie!

Das Treibstofflager bei La Converserie

Nach Verlassen des Feldweges hielt Ashburn den Panzer an und ließ die übrigen Fahrzeuge vorbei. So fuhren wir mit dem Jeep wieder Spitze. Bald erreichten wir Camplon und fuhren weiter über Ramont bis zur Hauptstraße N 4, die links ab nach Bastogne führt. Bei dieser Stadt sollte es nach den letzten Funkmeldungen der Amerikaner sehr schlecht um ihre dort eingesetzte 82nd und 101st Aireborn-Division stehen, denn diese Einheiten waren von der angreifenden deutschen Armee vollständig eingeschlossen. Im „Priesterseminar" von Bastogne waren nach amerikanischen Berichten Nahkämpfe entbrannt. Die Stadt selbst war von der deutschen Luftwaffe bereits mehrmals angeflogen und nachhaltig bombardiert worden.

Laut Agentenmeldung war der deutschen Führung und auch uns seit unserer Abfahrt vom Schloß „M" bekannt, daß in dem Treibstofflager, das wir angreifen sollten, Vorräte von mehreren Millionen Tonnen gelagert waren. Weil es aber nicht im unmittelbaren Bereich des deutschen Vormarsches lag, sollte es der Nutzung durch die Amerikaner entzogen werden.

„Auf dieses Feuerwerk freue ich mich schon jetzt", sagte ich zu Shank.

Inzwischen hatten wir ein Moorgebiet erreicht. Im Schutz einer Baumgruppe wurden die Fahrzeuge abgestellt. Für den Panzer mußten wir zusätzlich mit den Äxten einige Tannenbäume abschlagen, die wir oben am Turm und an den Seiten, die nicht vom Bewuchs selbst gedeckt waren, anbrachten, um ihn so besser vor ungebetener Sicht zu schützen. Ashburn meinte:

„Tarnung ist das halbe Leben!"

Er, Shank und Crouse mußten als Posten an den Fahrzeugen bleiben. Wir anderen bildeten drei Einsatzgruppen zu je zwei Mann. Zur Sprengung des riesigen Treibstofflagers mußten wir eine Menge Sprengmaterial, einschließlich „Lewisbomben", schleppen. Außerdem nahmen wir je Gruppe einen „Walky-Talky" mit, damit wir uns im Notfall untereinander verständigen konnten. So bepackt liefen wir durchs Gelände. Dann kamen wir an eine kleine Kapelle, die an der Hauptstraße N 28 steht. Es war eine stark befahrene Straße, die von Lüttich kommt und nach Sedan in Frankreich führt. Aber ehe erneut die in der Ferne auftauchenden Fahrzeuge heran waren, wechselten wir im geschlossenen Sprung auf die andere Seite der Fahrbahn. Im Moor gingen wir spähend weiter. Immer wieder blieben wir stehen und lauschten.

Dann waren wir so weit heran, daß wir vor uns auf der hellen Schneefläche gut die großen, dunklen vierkantigen Blöcke erkennen konnten. Noch im Heranlaufen fiel uns schon der starke Benzingeruch auf. So hatten wir also das gesuchte Treibstofflager gefunden. An einem dieser Stapel aus Benzinkanistern blieben wir stehen. Mit dem Handrücken klopfte ich einen Kanister ab. Er klang dumpf, ein Zeichen dafür, daß er gefüllt war. Letztlich ging es uns ja auch nicht darum, nur Leergut zu beseitigen. Alle Stapel, die im Abstand von fünf Metern aufgebaut waren, hatten eine Höhe von etwa drei Metern und waren hundert Schritt im Geviert groß. Und davon gab es eine für uns unübersehbare Menge.

Clarke gab nun ein Handzeichen, und die drei Gruppen gingen in verschiedenen Richtungen ab, nachdem sie sich auf dem Armkompaß orientiert hatten.

Vorsichtig schlich ich mit Finch los. Wir beide waren die Gruppe Nummer drei. Als wir etwa am zwanzigsten Stapel vorbei waren, bogen wir nach rechts in eine breite Gasse ein. Wir gingen beiderseits eng an den Stapeln entlang, um nicht von einem möglicherweise herumstehenden Posten gesehen zu werden. Nach einiger Zeit war Finch der Meinung, daß wir uns jetzt inmitten des Lagers befinden müßten. Da wir bisher in ostwärtiger Richtung gelaufen waren, machten wir an einer Ecke „linksum" und bewegten uns in einer schmalen Gasse zwischen den Benzinkanisterstapeln weiter – jetzt Richtung Norden. Dann hielten wir an.

Finch faßte mich am Arm, weil er aus dem Sprechfunk den Ruf gehört hatte:

„Achtung, Posten!"

„Vorsicht, Norrie!" sagte er zu mir, „laß uns denen bloß nicht in die Hände laufen."

Also begannen wir damit, die „Lewisbomben" – wie abgesprochen – mit einer Zündverzögerungszeit von 45 Minuten auszulegen. Um die Explosivwirkung zu vergrößern, legten wir außerdem Dynamitstäbe und die großen Sprengsätze schön verteilt dazu. Wir bewegten uns jetzt in Richtung auf unseren Ausgangspunkt. Als wir an eine Stapelkreuzung kamen, blieben wir zunächst stehen, um erst einmal wieder „die Lage zu peilen". Bis auf die andere Seite der Stapel waren es nach meiner Schätzung ungefähr acht Meter.

„Norrie, da kommt jemand!" zischte Finch auf einmal.

Tatsächlich, deutlich konnte man das Knarren der Schritte auf dem Schnee hören.

„Wer ist es, Freund oder Feind? dachte ich.

Feind! – Klar hörten wir ihre Unterhaltung in englisch. Langsam kamen die beiden Posten näher. Flüsternd fragte Finch:

„Angreifen?"

„Abwarten!" flüsterte ich zurück.

Wir standen an der Ecke, mit dem Rücken an die Benzinkanister gepreßt; und die beiden Amis kamen immer näher. Drei Meter vor uns blieben sie stehen und drehten uns den Rücken zu. Gott sei Dank hatten wir noch vor der Ankunft der Amerikaner unsere Handschuhe ausgezogen und zur Sicherheit die Klinge unseres Fallschirmjägermessers leise aus dem Griff kommen und einrasten lassen. Finch hatte mich noch rechtzeitig an „die Schlinge" erinnert. So hatte ich den einen Griff zwischen den Zähnen hängen. Mein einziger Gedanke war: Hoffentlich ruft uns jetzt keiner über den Quasselapparat!

Klar konnten wir die Unterhaltung der Soldaten verstehen. Sie ging um den „Scheiß-Krieg" und darüber, daß bald Weihnachten wäre. Mit solch „munteren Reden" standen sie nun bereits fünf Minuten vor uns. Und uns saß die Zeit im Nacken; denn dieses Warten ging von unserer Rückkehr zum Sammelpunkt ab. Die eingestellten Sprengzeiten liefen.

Durch Zeichen entschlossen wir uns zum Handeln. Finch nickte mir zu, ich nickte zurück und vorsichtig, um kein Geräusch zu machen, zog ich mir mit den Fingern der rechten Hand die Schlaufe der Schlinge aus den Zähnen und erfaßte mit der anderen Hand die zweite. Wie im Zeitlupentempo hoben wir die Arme, die Drahtschlinge war stark angespannt und lautlos-gekonnt bewegten wir uns über den Schnee auf die beiden Ami-Posten zu, die noch immer mit dem Rücken zu uns standen.

Finch gab einen undefinierbaren Laut von sich. Wir sprangen den letzten Meter vor, ließen unsere Drahtschlingen über die Köpfe der Amerikaner fallen, und blitzschnell – wie gelernt – überkreuzten wir die Arme und zogen ruckartig zu.

„Jetzt!" preßte Finch heraus, und wir ließen uns auf den Rücken fallen, jeder seinen Gegner zu Boden reißend. Keiner von ihnen gab einen Laut von sich; sie strampelten nur mit den Beinen und schlugen mit den Armen um sich. Nach Sekunden zuckten nur noch ihre Körper.

Automatisch rollte ich den toten Wachmann von mir herunter, löste die Schlinge von seinem Hals und stand auf. Dann aber mußte ich mich – heftig würgend – in den Schnee übergeben. Aber so war und ist es nun einmal im Krieg: Das Ziel steht über dem eigenen oder fremden Leben! – Das waren meine Gedanken, als ich, fast wie ein Roboter, von dieser Stelle des Grauens weglief.

Dann vernahmen wir aus dem „Walky-Talky" die Mitteilung:

„Hier Gruppe eins! Wir hatten Zusammenstoß mit Doppelposten!"

Darauf hörten wir:

„Gruppe zwei auch!"

Finch drückte die Taste am Gerät und sagte:

„Wir ebenfalls!"

Clarke ließ sich sofort in deutscher Sprache vernehmen:

„Sofort abhauen – höchste Gefahr!"

So schnell wie möglich liefen wir eine Gasse entlang, nachdem wir uns auf dem Kompaß vergewissert hatten, wohin es gehen mußte. Dann war es soweit, Finch und ich hatten den letzten Kanisterstapel erreicht. In der Ferne konnten wir auf der hellen Schneefläche die Umrisse der Kapelle erkennen. Eiligst liefen wir darauf zu. Als wir bei ihr ankamen, war noch keine von den anderen Gruppen da. Erschöpft ließen wir uns in den Schnee sinken und blieben erst einmal liegen. Aber bald vernahmen wir die Geräusche von sich nähernden Soldaten. Wir hoben die Maschinenpistolen und waren auf alles gefaßt. Aber dann hörten wir schon unsere Namen rufen:

„Percy! – Norrie! – Wir sind es!"

Clarke tauchte mit den drei anderen Kameraden bei uns an der Kapelle auf. Kurz schilderten wir während des Verschnaufens unsere Zusammenstöße mit den Posten.

Clarke war mit Carty, als sie gerade um eine Ecke eines Stapels gebogen seien, regelrecht mit dem Doppelposten zusammengestoßen. Lautlos und blitzschnell war es ähnlich zugegangen wie bei uns. Nur hatten sie keine Zeit für Vorbereitungen gehabt.

McKensie und Douglas waren sozusagen dazu gezwungen gewesen, einen Ami-Posten anzusprechen, um so an diesen vorbeikommen zu können. Sie hatten gerufen, die Posten sollten herkommen, sie hätten jemand festgenommen, der vermutlich ein Spion sei. Als dann die Amis nahe genug heran waren, wäre es um sie geschehen gewesen. Tatsächlich: Scheiß-Krieg sowas!

Im Eiltempo überquerten wir das Moor in Richtung auf die abgestellten Fahrzeuge. Kaum waren wir angelangt, gab es hinter uns einen mächtigen Blitz, dann folgte Explosion auf Explosion. Gelbrote Stichflammen schossen zum nächtlichen Himmel hinauf. McKensie meinte: „Und ich Rindvieh habe vergessen, mein Feuerzeug aufzufüllen; und nun geht das kostbare Benzin so sinnlos zum Teufel!"

Kurze Zeit später durchfuhren wir den Ort Mochamps. Am Ausgang des Dorfes hielt Shank den Jeep an, und die anderen Fahrzeuge rückten wieder auf. Wir stiegen aus und betrachteten das ferne, schaurige Spiel der Flammen. Finch schaltete das Funkgerät ein und setzte seine Erfolgsmeldung ab:

„Alfa — Romeo — Delta — Echo — November — neun — Commander, wir wollten mit unserem Konvoi im Tanklager bei der Kreuzung von Barrière-de-Camplon auftanken, als der Treibstoff durch vielfache Explosionen vernichtet wurde. Wir hatten dabei keine Verluste, weder an Fahrzeugen noch an Soldaten."

Aus dem Lautsprecher kam die Antwort, daß wir dann eben woanders Treibstoff holen sollten!

Leichtsinnig abgestellte Beobachtungsflugzeuge

Über Nassogne fuhren wir weiter. Dann kamen wir an die wenigen Häuser von Le Foy. Im Licht der Fahrzeugscheinwerfer sahen wir auf der anderen Straßenseite ein Schild mit der Aufschrift „Airport". Shank meinte, sowas fehlte gerade noch in unserer Sammlung! Bei der Besprechung im Schloß „M" war von einem Flugplatz auf dieser Strecke keine Rede gewesen. Aber wir folgten dem Schild und fuhren in den Ort Harsin ein.

An einem Haus hing über der Tür eine elektrische Lampe, die eine Tafel mit dem Hinweis:
207th US-Airfield Observation-Group
beleuchtete. Außerdem hing an der Hauswand ein Pfeil, der nach rechts zeigte. Dem fuhren wir nach. Bald stand am Straßenrand wieder ein Pfeil, diesmal ging's links ab. Auf einer breiten Straße kamen wir an ein Postenhäuschen, in dem sogar Licht brannte; einen Posten konnten wir jedoch nicht sehen. Langsam fuhren wir weiter. Alle Fahrzeuge dicht auf.

Plötzlich entdeckten wir seitlich vor uns mehrere Flugzeuge. Ich nahm die Sprechmuschel zur Hand, drückte die Taste und sagte:

„Links gibt's die Möglichkeit, endlich einmal wieder zu fliegen. Wie wär's?"

„Mal anhalten!" antwortete Clarke.

Sofort war ich aus dem Jeep heraus und näher an die Maschinen herangelaufen. Schön in einer Reihe standen da zwölf Flugzeuge des Typs „Piper". Genau in der Mitte der Reihe, hinter dem sechsten Flugzeug standen wir nun.

„Diese Dinger haben uns in der Normandie das Leben zur Hölle gemacht", erinnerte ich mich laut und fügte hinzu, daß bei denen die Benzintanks beiderseits über dem Pilotensitz in den Tragflächen waren. Das zu wissen war wichtig für eine „dauerhafte" Sprengung. Clarke machte uns klar, daß jeder ein Flugzeug „in die Luft bringen" müsse, damit wir schneller wieder hier wegkämen. Er, McKensie und ich sollten jedoch versuchen, je zwei Maschinen zu sprengen.

Nachdem wir am Sankra die „Lewisbomben" empfangen hatten, wurde die Zündverzögerungszeit auf fünfzehn Minuten angesetzt. Das hieß, daß höchste Eile geboten war, wenn die Bomben angebracht waren. Schnell spurteten wir zu den Flugzeugen. Mit dem Handschuh wischten wir den Schnee von der Oberseite der Tragfläche, um ein Abrutschen der Bombe von dem glatten Metall zu verhindern. Wir, die wir zwei Maschinen zu „bedienen" hatten, nahmen uns die nächststehenden vor. Es ging alles wie geschmiert. Im Laufschritt ging's dann von den abgestellten „Pipern" zu unseren Fahrzeugen. Wir stiegen ein, und schon fuhren wir ab. Dann tauchte zu unserem großen Schrecken ein gewaltiger Schatten vor uns auf. Er entpuppte sich aber als ein Straßendamm. Auf der Karte machten wir aus, daß wir jetzt neben der Hauptstraße von Charneux-de-Devant nach Hedrèe-Chavanne fuhren. Etwa hundert Meter vor der Straßenunterführung hielten wir an. Gespannt blickten wir zurück. Gleich müßte es soweit sein, daß ... Und da schossen auch schon fast gleichzeitig zwölf grelle Blitze hoch. Magnesiumkugeln in allen Signalfarben mischten sich dazwischen.

„Los, weiter!" rief Shank, sprang in den Jeep und brauste ab. Bald erreichten wir den kleinen Ort Aux-Tombes. Davor wurde aber wieder angehalten. Clarke kam an den Jeep und meinte:

„Wenn das so weitergeht, bekomme ich durch euch noch meine ersten grauen Haare – ihr Banditen!"

Dann schaltete er das Funkgerät um und gab selbst die Erfolgsmeldung durch:

„Alfa — Romeo — Delta — Echo — November — neun — Commander. Habe soeben durch Explosionen zwölf meiner „Piper"-Beobachtungsflugzeuge verloren – Verluste an Piloten hatte ich nicht – Logan!"

Die Antwort aus dem Lautsprecher klang höhnisch-bedauernd:

„In der nächsten Zeit ist mit keinem Ersatz zu rechnen!"

„Das haben wir nun davon", ging Clarke uns gegenüber
auf diesen Scherz ein, „alles nur, weil ihr immer, was ihr
seht, kaputtmachen wollt!"

Sherman-Panzer auf Bahntransport

Inzwischen war die Morgendämmerung angebrochen.
Wir fuhren auf einen kleinen Bahnhof zu. Kein Mensch
war als Begleiter des abgestellten Transportzuges, auf
dem 25 Panzer verladen waren, zu sehen. Lediglich am
Ende des Zuges waren zwei Personenwagen angehängt.
Aus unserem Fahrzeuglautsprecher kam die Durchsage:
„Der Zug wird gesprengt!"
Aber, als ginge uns das alles nichts an, fuhren wir wei-
ter bis zum Waldrand, der seitlich der Bahnlinie verläuft.
Dort stellten wir die Fahrzeuge ab. Schnell waren wieder
die „Lewisbomben" verteilt. Jeder zog mit drei „Bum-
sern" ab. Fächerartig liefen wir auf den Zug zu.
„Denkt daran", hatte uns Ashburn noch nachgerufen,
„die Benzintanks sind beiderseits am hinteren Teil neben dem Motor!"
Bald hatten wir die niedrigen Transportwagen erreicht.
Mit Leichtigkeit erkletterten wir die Tieflader und die
darauf stehenden Panzer. Die Zündverzögerungszeit von
15 Minuten war schnell eingestellt, und dann lagen die
Bomben auch schon an „Ort und Stelle". Blitzartig ging's
zurück zu den Fahrzeugen. Aber auf Clarke und McKensie mußten wir dann doch warten. Als sie endlich gekommen waren, schüttelte Clarke immer noch mit dem
Kopf und meinte:
„Nicht zu fassen, wirft doch dieser verrückte Kerl den

Amis die Bomben auch noch in die Abteile – sozusagen mit den besten Weihnachtsgrüßen!"

Ashburn meinte:

„Das kommt eben davon, wenn man glaubt, es nicht nötig zu haben, und keine Wachen ausstellt."

Mit solch „frommen Sprüchen" bestiegen wir die Fahrzeuge und fuhren ab. Auf der Hauptstraße ging es dann in Richtung Hotton. Vorher hielten wir noch an; denn die Zeit mußte wieder „abgelaufen" sein. Und da ging es auch schon los. In dichter Reihenfolge ertönten die Explosionen.

„So", sagte Clarke zu Finch, „und nun das ,Glückwunschtelegramm' in die Heimat."

Unser Funker schaltete wieder von „Ami-Empfang" auf „Deutschland-Funk" und meldete:

„Alfa — Romeo — Delta — Echo — November — neun — Commander — Wir haben im Bahnhof von Bourdon an der Strecke von Marche-en-Famenne nach Hotton durch Explosionen 25 Panzer verloren, die zum Bahntransport verladen waren. Personen wurden nicht verletzt."

Wieder mußten wir erfahren, daß mit keinem Nachschub zu rechnen sei. – Inzwischen war es heller Tag.

In der Luft hat's ihn zerrissen

Auf einer Nebenstraße durchfuhren wir den Ort, der so klein war wie sein Name – Ny. Bald darauf erreichten wir Oppagne. Dort bogen wir auf einen Feldweg ein, der zum Wald führte. Plötzlich tauchte vor uns in rund 300 Metern ein kleines Flugzeug auf.

„Anhalten!" brüllte ich.

Finch sprang sofort aus dem Jeep, wetzte zum Sherman zurück und kletterte zum Turm hoch. Mit dem schweren, luftgekühlten Machine-Gun eröffnete er das Feuer. Auch ich versuchte mit dem auf dem Jeep montierten MG auf das anfliegende Flugzeug zu schießen. Die übrigen Kameraden standen an ihren Fahrzeugen und ballerten mit den Maschinenpistolen auf den Aufklärer.

Auf einmal, noch ehe wir einen Knall hörten, platzte die kleine Maschine in der Luft auseinander. Nicht allzuweit von uns fielen die Trümmer in den Schnee. Wir warteten noch eine Weile, als sich aber kein Leben mehr zeigte, gab Logan den Befehl zum Weiterfahren. Noch immer befanden wir uns auf dem Feldweg, doch bald waren wir vom Wald verschluckt. Dann kam wieder über den Lautsprecher das Kommando:

„Anhalten und am Jeep sammeln!"

Wir gratulierten uns gegenseitig zu diesem einmaligen Erfolg, und einer schob dem anderen die „Schuld" daran zu.

„Komm, Percy", meinte Clarke, „gib deinen Flieger durch!" Finch setzte die Meldung ab:

„Alfa — Romeo — Delta — Echo — November — neun — Commander. Über Oppagne ist in 300 Meter Höhe ein Beobachtungsflugzeug vom Typ ‚Piper' explodiert."

Es kommt die Antwort, daß der Airport verständigt werden würde. Diese Spaßvögel.

McKensie hatte plötzlich eine Flasche Whisky in der Hand, und jeder nahm gleich einen kräftigen Schluck aus der Pulle. Dabei wurden die Maschinenpistolen und die beiden schweren MG nachgeladen. Wir mußten stets für alle Fälle gerüstet sein.

Ashburn machte uns dann keine Freude, als er meldete, daß er im Panzer nur noch für bestenfalls zwanzig Kilometer Sprit hätte. Da schauten auch die anderen Fahrer nach und siehe da, es stand nicht gut um den Benzinvorrat. Während wir im Wald untergezogen blieben, machten sich McKensie und Shank mit dem Jeep auf den Weg, um Treibstoff aufzutreiben – (deshalb hieß der wohl auch so!).

Die beiden hatten bald die Hauptstraße über Hotton nach Barvaux erreicht. An einem Wegweiser, an dem eine große Anzahl von Schildern angebracht war, entdeckten sie auch den Hinweis auf das Munitionslager. „Unser Ziel", sagte Shank und wies mit einer Kopfbewegung in die angegebene Richtung. McKensie nickte nur und suchte weiter angestrengt nach einem Zeichen für Betriebsstoff. Doch nichts war angezeigt. Dafür holten sie eine längere Kolonne ein, die gerade Marschpause machte. Der letzte Lastwagen war mit Benzinkanistern beladen. Shank hielt den Jeep an. McKensie zeigte dem Posten, der am Ende der Kolonne auftauchte, den sogenannten Marschbefehl und fragte, ob er nicht wisse, wo sich der Command-Post der 29th US-Infantry-Division befände. Sie brauchten nämlich dringend Benzin. Ihre Einheit läge dort hinten in dem Wald fest und könnte nicht weiterfahren, weil die Versorgungseinheit nicht angekommen wäre, die auch Treibstoff mitbringen sollte. Während des Gesprächs stieg aus dem letzten Wagen ein schon älterer Sergeant und kam auf den Jeep zu. Shank schimpfte fürchterlich und erklärte dem Mann, daß ihre Einheit ihren Tankwagen verloren hätte und nun festläge. Als der Sergeant fragte, wie viele Fahrzeuge es denn seien, sagte McKensie:

„Fünfzehn – und alle leer."

„Aber Sir", meinte der Sergeant, „das ist doch kein Problem." Der Posten erhielt den Befehl, mit dem Lastwagen dem Jeep zu folgen.

Finch, der als Ausguck am Waldrand stand, rief Logan, weil er sich näherndes Motorengeräusch hörte, das nicht nur von dem erwarteten Jeep kommen könne. Sofort bezogen wir mit den Maschinenpistolen im Anschlag hinter den Bäumen Stellung. Dann tauchte unser Jeep auf, und ein Lastwagen war gleich dahinter. Beide fuhren an uns vorbei bis zum Sankra. Shank und McKensie stiegen aus und winkten den Lastwagenfahrer zu sich. Zusammen gingen sie zu Clarke. Als der Ami erkannte, daß es sich um einen Chaplain handelte, begann er sogleich ein Gespräch.

Clarke meinte, daß er doch wohl recht leichtsinnig sei, so ohne Waffen im Wald herumzulaufen. Was wollte er wohl machen, wenn er plötzlich auf deutsche Soldaten stieße? Die machten dann sicher „kurzen Prozeß" mit ihm.

Der Ami meinte lächelnd, daß dies doch alles nur Propaganda ihrer Generale sei, weil die sich von den verfluchten Deutschen in die Flucht schlagen ließen.

Darauf meinte Carty, der dabeigestanden hatte, in deutscher Sprache:

„Das mit den ‚verfluchten Deutschen' hättest du nicht sagen sollen, mein Junge!"

Der Ami wurde im Gesicht schneeweiß, seine Augen traten ihm förmlich aus den Höhlen. So starrte er Carty an. Aber ehe er noch etwas erwidern konnte, wurden ihm die Arme auf den Rücken gerissen. Finch klebte ihm ein breites Pflaster über den Mund, das von einem

Ohr zum anderen reichte. Vor Angst machte sich der gefangene Tankwagenfahrer naß. Vorne lief es ihm in den Hosenbeinen hinunter. Als Clarke das sah, sagte er auf englisch zu ihm:

„Keine Sorge, wir erschießen dich nicht!"

Der Ami wurde dann an einen dicken Baum gelehnt, und wir banden seine Hände hinter dem Stamm zusammen. Wir anderen hatten bereits begonnen, die Treibstoffkanister abzuladen. Neben jedes Fahrzeug stellten wir mehrere dieser Blechkannen. Dann machten wir uns daran, den Sherman zu betanken. Das war ein schweres Stück Arbeit. Als wir mit der gesamten „Auffüllerei" fertig waren und einige Reservekanister in jedem Fahrzeug verstaut hatten, war immer noch eine große Anzahl von Benzinbehältern auf dem Lastwagen übriggeblieben.

Etwas abseits des Gefangenen, der unser Treiben mit ängstlichen Blicken verfolgt hatte, versammelten wir uns zu einer Besprechung. Das einzige Hindernis für unsere Weiterfahrt war jetzt der junge Amerikaner. Für uns stand von vornherein fest, daß ihm nichts geschehen würde, da er unbewaffnet und ohne Widerstand zu leisten in unsere Hände gefallen war. Sollten wir ihn bei uns behalten, um so einen „Echten" zum Vorzeigen zu haben?

Douglas kam dann auf die Idee, ihn lieber hier zu lassen. Wir sollten dem Mann, an einen Tannenbaum mit den Händen hinter den Zweigen zusammengebunden, die Chance geben, sich bei einiger Geschicklichkeit selbst zu befreien, wenn es ihm gelänge, den nicht allzu hohen Stamm der Tanne vorzubiegen und seine Fesseln abzustreifen. Das könnte nach einiger Zeit gelingen – und die brauchten wir auch, um „Abstand zu gewinnen".

Der Gedanke war gut. Schnell war eine Tanne von et-

wa vier Metern Höhe gefunden und der Soldat hinein-
gestellt. Crouse und Douglas besorgten das Anbinden,
während wir die Fahrzeuge wendeten und zur Abfahrt
vorbereiteten. Den Tanker wollten wir so lange als möglich behalten und uns zunächst immer daraus versorgen.
So konnten wir unsere „Bordmittel" noch schonen. Finch
wurde eingeteilt, diesen zu fahren. Er sollte als vorletztes
Fahrzeug vor dem Panzer bleiben.

Im Munitionslager von Barvaux

Wir fuhren zunächst den Weg zurück, den wir gekommen waren; jedoch an der Hauptstraße bogen wir nach
links ab, um der „freundlichen Kolonne", die uns ihren
Tankwagen „entliehen" hatte, nicht wieder zu begegnen.
Bald waren wir in Weris. Ohne Aufenthalt ging es weiter
über Morville und dann auf einer Nebenstraße bis Petit-
Barvaux. Kurz davor sahen wir bereits das Munitionslager, das rechts und links der Straße in einem Hochwald
angelegt war. Weil es noch nicht einmal Mittag war – die
Uhr zeigte gerade erst die elfte Stunde an – fragte ich
mich, ob Clarke wohl bei Tage den Angriff auf das Munitionslager wagen würde.
Wir taten es!
Über eine Nebenstraße erreichten wir nach kurzer
Fahrt den Ort Tour. Dahinter hielten wir an und stellten die Fahrzeuge, so gut es eben ging, im Wald zwischen den Bäumen ab. Am schwersten tat sich dabei
Finch mit dem großen Kanister-Tankwagen. Wir hock-
ten uns dann am Waldrand in einem Graben zur Bespre-

chung zusammen. Clarke erklärte noch, warum wir nicht warten könnten, bis die Dunkelheit angebrochen sei. Er fand unsere volle Zustimmung. Die Vernichtung des Munitionsdepots mußte daher sofort erfolgen.

„Wer macht's?", fragte Clarke und suchte nach den Freiwilligen, die die Sprengsätze anbringen sollten.

McKensie, Shank und Finch hoben fast gleichzeitig ihre Hände zur Meldung. Dann schilderte McKensie, wie er sich als Fachmann die Sprengung dachte. Er meinte, es wäre am besten, wenn wir aus den Dynamitstäben und den großen Sprengsätzen geballte Ladungen zusammenbauten. Zu diesem Zweck würde er jede Ladung mit einer Zündschnur als Abreißzündung herstellen. Die Zündschnur selbst sollte auf eine Brenndauer von 30 Minuten abgeschnitten werden. Das hieß, daß nach dem Abriß noch eine halbe Stunde blieb, bis die Detonation erfolgen würde.

Schnell waren die nötigen Sprengmittel für unser neues Vorhaben aus dem kleinen Lastwagen ausgeladen und so bereitgelegt, wie sie für den Zusammenbau gebraucht wurden. Es dauerte auch nicht lange, bis wir mit dieser Bastelei fertig waren. McKensie hatte sich nebenbei seinen Schlachtplan zurechtgelegt. Er wollte mit dem kleinen Lastwagen in das Depot hineinfahren und die aufgestapelte Munition mit Sprengmitteln „anreichern". Crouse hatte in der Zwischenzeit warmes Essen zubereitet. Lächelnd meinte er zu McKensie:

„Iß vorher noch etwas, mit vollem Bauch fliegt's sich leichter!" – Der Scherz war aber nicht besonders gut. McKensie schüttelte auch nur mit dem Kopf und sagte:

„Wir aber nicht, mein Lieber!"

Als McKensie dann die auf dem Boden des Lastwagens ausgebreitete Menge von Sprengsätzen sah, sagte er zu

Clarke, daß es wohl doch besser wäre, wenn noch einer mehr mitkäme. Carty trat sofort heran und meinte, daß nur er zu diesem „Skat" der richtige Mann sei. McKensie nickte und gab dann den Befehl zur Abfahrt.

Jeder der Zurückbleibenden hatte ein anderes Scherzwort für die abfahrenden Kameraden zur Hand. Dennoch war die Stimmung etwas gedämpft. Ob wir diese tollen Burschen wohl noch einmal wiedersehen würden?

Nach einer längeren Fahrt – jedenfalls war es ihnen so vorgekommen – hatten sie ein Einfahrtstor gefunden. Ein Posten stand dabei. Er gab Zeichen, daß sie anhalten sollten. Shank, der Fahrer, hielt, und mit wenigen Schritten war der Soldat von der Lagerwache am Fahrzeug. McKensie hielt ihm unseren „Dauer-Marschbefehl" hin. Als der Posten merkte, daß er einen Lieutenant vor sich hatte, entschuldigte er sich; aber sein Befehl lautete nun einmal, alle Fahrzeuge zu kontrollieren. McKensie sagte, daß sich das doch von selbst verstünde. Aber nun müsse er weiter und die Signalmunition holen, wo die denn läge? – Der Posten erklärte, daß dies alles auf Schildern in den einzelnen Straßen des Lagers verzeichnet sei. Sie würden es schon finden, und damit gab er Shank ein Zeichen zum Weiterfahren. Hinter ihnen hatten sich schon mehrere große Fahrzeuge angesammelt.

So fuhren sie also in das Munitionsdepot von Barvaux und zwischen den riesigen Stapeln hindurch. Dann hielt Shank an, Finch und Carty zogen die Plane von den Dachleisten des Fahrzeugs ab und rollten sie auf das Fahrerhaus.

„Start klar!" sagte McKensie.

Bald hatte er gelernt, sich in den Beschilderungen der Stapel auszukennen. Er wußte, welche Zahlen Art, Größe und Mengen der Munition ausdrückten. Manchmal stieg er aus seinem Fahrerhaus und „peilte die Lage". – Nur aus der Ferne war das Gebrumm mehrerer Lastwagen zu hören. Im Wechsel reichten Carty und Finch die geballten Ladungen an McKensie weiter. Dieser brachte sie zu den Stapeln, die er sich gerade ausgesucht hatte und für besonders „zündfreudig" hielt und schob sein „Paket" nach dem Abriß der Zündung in einen passenden Zwischenraum. Dann entdeckten sie einen Stapel mit einer unübersehbaren Menge an Flamm-Öl, wie es für die Flammenwerfer bei den Sturmpionieren und den Flammenwerfer-Panzern verwendet wurde. Das war eine sehr geeignete „Grundlage"!

Shank, der noch immer den Wagen steuerte, hatte nebenbei die Aufgabe übernommen, den Ablauf der bisher verbrauchten Zündzeit zu überwachen und McKensie zu nennen. Spätestens zehn Minuten vor Ablauf der Zündzeit mußten sie das Munitionslager verlassen haben. Aber noch fuhren sie ohne Eile und unbehindert kreuz und quer durch das Depot und legten die „Kuckuckseier" aus. Als sie in einen Hauptweg einfuhren, war ihnen die Weiterfahrt durch einen großen Transporter versperrt. McKensie wies Shank beim Zurücksetzen ein. Als sie dann aber wieder in die Gasse eingebogen waren, aus der sie kamen, stand dort inzwischen auch ein Laster, der von mehreren Negern beladen wurde. So waren unsere drei Kameraden in eine Richtung gezwungen worden, in die sie gar nicht wollten. Erst nach einiger Zeit war es dann möglich gewesen, sich wieder „freizuschwimmen". Mit einem Blick auf ihren Armkompaß stellten sie fest, daß sie wieder in der gewünschten Richtung waren.

Aber in der Zwischenzeit waren sieben kostbare Minuten verlorengegangen, ohne daß Sprengsätze ausgelegt werden konnten. Aus diesem Grund sprangen Finch und Carty vom Wagen und beteiligten sich beim Ausbringen der Sprengsätze. Sie machten sich gerade an einem Stapel mit schwerer Artillerie-Munition zu schaffen, als sie von einem Posten mit schußbereiter MPi angehalten wurden. Die drei „Arbeiter" standen gerade auf der Verladebrücke des Wagens. McKensie sprang ab und rief Shank dabei zu, er solle doch dem Posten die Papiere vorzeigen. Der war neben dem linken Fenster stehengeblieben und schaute auf unsere Dokumente, die Shank vom Beifahrersitz genommen hatte. In diesem Augenblick stieß McKensie blitzschnell mit seinem deutschen Fallschirmjäger-Messer zu und dem Ami unmittelbar neben der Wirbelsäule in den Nacken. Der Getroffene zuckte zusammen und sank lautlos um. Shank sprang aus dem Wagen, und beide schleiften den Toten zwischen einen Kistenstapel. Von nun an hatten sie nur noch vier Minuten bis zur Grenze der zehnminütigen Sicherheitszeit zur Verfügung.

Zu dritt legten sie nun die restlichen Ladungen dort auf die Munitionskisten ab, wo es sich am leichtesten bewerkstelligen ließ. Als sie in eine breitere Straße einbogen, die zum Ausgang führte, sahen sie bei dem Postenhäuschen einen Jeep stehen. Carty und Finch warfen schnell die Plane über die Dachlatten, und Shank fuhr langsam auf das Postenhaus zu. Aber unbehelligt durften sie passieren. Niemand nahm von ihnen überhaupt nur Notiz. So erhöhten sie erst nach Erreichen der Hauptstraße N 29 ihre Geschwindigkeit.

Bald glaubten sie vor einer Kapelle einen Nebenweg wiedererkannt zu haben, den sie hätten nehmen müssen. Shank kriegte noch gerade die Kurve; denn er war überzeugt, daß dies der gleiche Weg war, auf dem sie gekommen waren. McKensie, der die Uhr verfolgt hatte, ließ anhalten. Sie warteten. Einige Minuten nach 16.00 Uhr erfolgte die erste Explosion. Dann folgte eine auf die andere. Bald ließen sie sich nicht mehr auseinanderhalten.

Shank fuhr weiter, und schon einige Minuten später hatten sie uns im Wald bei Tour wieder zu fassen. Wir liefen sofort zu unseren Kameraden, umarmten sie und gratulierten zu der gelungenen Leistung. Dann war es Zeit, die Erfolgsmeldung durchzugeben.

Finch schaltete am Gerät und begann mit der uns bereits vertrauten Meldung:

„Alfa — Romeo — Delta — Echo — November — neun — Commander. Im Wald bei Barvaux, wo wir Munition holen wollten, ist um 16.00 Uhr das ganze Lager explodiert. Rundum brennt der Wald. Wir können bis zu unserem Standpunkt den Feuerschein sehen. Verluste hatten wir nicht."

Die Antwort aus dem Radio war knapp:

„Dann fahrt eben ein anderes Lager an!"

Nächtliche Arbeit in einer Panzer-Reparaturwerkstatt

Nach der Einnahme einer Kaltverpflegung mit Bohnenkaffee und Whisky fuhr unser Verband wieder los. Bald schon waren wir in Heyd. Bei der Einfahrt in den Ort sahen wir, daß größere Lastwagen mit aufmontierten Kränen sowie Panzer mit Kranaufbauten hier abgestellt waren. Aber kein Soldat war zu entdecken. Dunkel war es auch schon wieder geworden, und nur aus einem Haus drang Licht. Wir fanden das komisch.

Shank meinte, daß in diesem Kaff bestimmt eine Panzerwerkstatt untergebracht sei; denn als wir an einem größeren Bau vorbeigekommen waren, hatten auf dem Vorplatz mehrere Panzer gestanden. Langsam durchfuhren wir den Ort und hielten erst außerhalb an. Clarke war der Ansicht, daß es besser wäre, wenn wir mit dem Jeep noch einmal durch das Dorf führen und feststellten, ob dort nicht doch Soldaten Quartier genommen hätten. Wir durchkreuzten also mehrere Straßen, konnten aber weder umherlaufende Soldaten noch ausgestellte Posten sehen. So verließen wir den Ort wieder und fuhren zu den wartenden Kameraden zurück.

Nach unserem Lagebericht entschied sich Clarke für die Vernichtung der Panzer und der Werkstatt. Carty meinte scherzhaft zu Ashburn, er solle aber lieber vorher beim Werkstattleiter klingeln und sich erkundigen, wieviel Betriebsstunden wohl unser Sherman schon auf dem Buckel hätte. Cartys Bemerkung beantwortete Ashburn nur mit:

„Dummer Säckel, saudummer!"

Am Sankra stellten wir zu unserer größten Freude fest, daß unser Vorrat an „Lewisbomben" noch für einige Unternehmungen ausreichen würde. Diesmal aber wollten wir uns Zeit lassen, deshalb wurden als Verzögerungszeit für die Bomben zwei Stunden angesetzt. Umsichtig schlichen wir hintereinander dem Ort zu. Bald hatten wir das Haus erreicht, auf dessen Hof ein großer Laufkran mit Elektromotorantrieb aufgestellt war. Behutsam tasteten wir uns an den Hauswänden entlang auf die Panzer zu. Als wir sie erreicht hatten, mußten wir feststellen, daß sie stark nach Benzin rochen. Das war ein Zeichen, daß sie voll aufgetankt waren. Außerdem merkten wir, daß alles frisch geölt und eingefettet war. 30 startbereite Sherman-Panzer! – Vermutlich sollten sie morgen schon zum Fronteinsatz gebracht werden.

Wie ausgemacht, legten wir jeweils eine Bombe auf die Benzintankabdeckung am Panzeroberteil ab. So gelang es uns in kürzester Zeit, alle Panzer zur Sprengung vorzubereiten. Nach etwa fünfzehn Minuten war unsere Aktion beendet, und wir liefen alle zusammen über das Schneefeld zurück zu unseren abgestellten Fahrzeugen. Bald hatten wir sie erreicht. Aber vorsichtig brachten wir die letzten Meter hinter uns; denn wir hatten sie diesmal ohne Wache zurückgelassen. Es war jedoch niemand da, der sich an unseren „Karren" vergriffen haben könnte. – Also stiegen wir ein und fuhren los – nur einer kam nicht im Gang: Der Lastwagen, den Carty bisher fuhr, sprang nicht mehr an.

Ashburn bemühte sich um das Fahrzeug; aber die Batterie war vermutlich durch Kurzschluß „im Eimer". Ein Ersatzstück besaßen wir nicht. Aber noch während wir an dem defekten Fahrzeug versammelt waren, erfolgte im Ort eine mächtige Explosion. Doch dessen ungeachtet sagte Ashburn zu Clarke, daß er in den Ort zurückgehen und aus einem anderen Fahrzeug eine Batterie ausbauen würde. Über diesen „Kundendienst" waren wir mehr als erstaunt und hielten es nur für einen Witz. Aber Ashburn nahm sich tatsächlich Werkzeug, ergriff seine Maschinenpistole und lief ins Dorf. – Wir blieben wie angewurzelt stehen und unterhielten uns leise über das „Ashburn-Vorhaben".

Shank meinte, der ginge bestimmt von Haus zu Haus und fragte, wer ihm eine Batterie verkaufen könne. Aber auch über diesen Witz lachte niemand.

Nach knapp einer halben Stunde erkannten wir unseren „Koloß von Menschen" schon von weitem, wie er auf der Straße daherkam. Auf der Schulter trug er etwas, das sich dann wirklich als Batterie entpuppte. Ashburn erzählte so beiläufig, während er mit dem Einbau begann, daß an der Werkstatt unter einer Plane eine ganze Menge von Autobatterien aller „Farben und Gerüche" gelagert waren. Er hätte einfach mit dem Schraubenschlüssel geprüft und dadurch festgestellt, als die Funken stoben, daß sie alle „voll im Saft" waren. Aber weil er nur eine gebraucht habe, hätte er die anderen noch mit Salzsäure, die in einem Ballon daneben stand, unbrauchbar gemacht. Dann war das Auswechseln der Batterie beendet, und als Carty den Motor startete, sprang der auch sofort an. Da waren wir alle sehr froh; denn andernfalls hätten wir notgedrungen den kleinen Lastwagen im Schlepp mitnehmen müssen. – Ashburn war der Held des Tages. Clarke gab das Kommando zur Abfahrt. Mit Scheinwerferlicht fuhren wir weiter und hatten bald den Ort Ozo erreicht.

Wir sorgten für Funkstille

Langsam fuhr unser kleiner Konvoi auf dieser Straße weiter, und jeder von uns malte sich in Gedanken schon aus, wie wohl der nächste Einsatz sein könnte. – Ashburns Panzer machte wieder einen Heiden-Spetakel. Man mußte das Monstrum doch meilenweit hören? Mit solchen Überlegungen kamen wir nach Izier. Was uns hier besonders auffiel war, daß über vielen Hausdächern gewaltige Funkantennen, und manche sogar mit

Gittern, ragten. Ich nahm den Sprechapparat und sagte:

„Ich glaube, hier ist eine Funkleitstelle im Ort!"

Als Antwort kam Clarkes Stimme aus dem Lautsprecher:

„Außerhalb der Ortschaft anhalten!"

Langsam fuhren wir weiter und merkten uns, in welchen Höfen der Häuser Funkwagen und Stromaggregate standen. Shank meinte, das wäre ja wieder eine Aufgabe, die ihm so recht läge. Dann hielt er den Jeep an und stellte gleich den Motor ab. Die anderen rückten dicht auf und verhielten sich ebenso. Vor allem war endlich einmal Ashburns „Knalltüte" still.

Am Sankra trafen wir uns wieder zur Besprechung. Dann teilte uns Clarke ein. Crouse und Finch sollten mit Ashburn beim Panzer bleiben; denn wenn es im Ort zu einem Kampf käme, müßte der Sherman natürlich eingreifen. Wir übrigen bildeten zwei Gruppen, und jede nahm ein „Walky-Talky" mit. Finch behielt ebenfalls ein Sprechgerät und mußte auf Empfang bleiben, damit der mögliche Einsatzbefehl entgegengenommen werden konnte.

Nachdem wir Sprengmittel und „Lewisbomben" empfangen hatten, schlichen wir in den Ort zurück. Mitten drin gabelte sich die Straße. Douglas, Carty und McKensie gingen rechts, Shank, Clarke und ich links weiter. Die Maschinenpistole in Vorhalte arbeiteten wir uns von Haus zu Haus vor. Man roch starkes Kohlenfeuer. Die Amis hatten sich also überall häuslich eingerichtet. – An einer Hausecke blieben wir stehen. Von dort konnten wir in rund zwanzig Metern Entfernung einen großen Funkwagen sehen, neben dem ein entsprechendes Aggregat stand. Wir trauten unseren Augen nicht; die Tür der Funkerkabine war geöffnet, und hell fiel ein Lichtschein auf den Schnee. Also mußte hier der Betrieb laufen, das hieß, es mußte Personal in der Nähe sein.

Vorsichtig schlichen wir uns heran. Deutlich konnten wir amerikanische Jazzmusik hören. Clarke bedeutete uns, hier zu bleiben, er wollte sich noch etwas abseits umsehen. Shank und ich vernahmen dann aus dem Haus Stimmen. Wir schoben uns unter ein schlecht abgedunkeltes Fenster. Es war etwas geöffnet; die Stimmen mehrerer Soldaten waren zu unterscheiden. Während Shank hier stehenblieb und lauschte, begab ich mich zur Eingangstür und fand dort an der Hauswand einige Karabiner angelehnt.

Sieh da, die Brüder haben in dem harten Winterkrieg in den Ardennen auch schon einiges dazugelernt, dachte ich. Sie haben deshalb ihre Waffen in der Kälte gelassen, damit es beim Wechsel von der warmen Stube in den klirrenden Frost kein Verklemmen des Gewehrschlosses geben soll.

Jedes Geräusch vermeidend nahm ich die „Knarren" weg und ging zu Shank zurück, der immer noch am Fenster stand. Ich legte die Beutewaffen vorsichtig im Schnee ab.

Shank drückte auf einmal mit beiden Händen die Flügel des Fensters nach innen auf, so daß die Wolldecke, mit der es verhangen war, herunterfiel. An einem Tisch saßen vier Soldaten und spielten Karten. Ein anderer saß mit dem Rücken zu uns hinter den Spielern an einem Fernsprech-Vermittlungsschrank.

Shank gab mir zu verstehen, daß er meine Leuchtpistole haben wollte. Ich gab sie ihm, und nun richtete er – in jeder Hand so ein Ding – diese in den Raum. Gleichzeitig schoß er sie ab. Eine grüne und eine rote Magnesiumkugel zischten fauchend hinein und trafen die Soldaten. Ich hatte nicht geglaubt, daß die Leuchtsätze in einem Zimmer eine so verheerende Wirkung haben würden. Doch dann erinnerte ich mich an einen gräßlichen Unfall, den ich in einer Lastensegler-Einheit erlebt hatte, bei dem ich einen meiner alten Fliegerkameraden verlor. Damals brannte er durch einen Fehlschuß, der ihn voll auf der Brust getroffen hatte, förmlich aus, ohne auch nur einen Laut von sich gegeben zu haben. Hier in dieser kleinen Bude war die Wirkung aber noch viel schrecklicher. Lautlos sanken die amerikanischen Soldaten brennend zu Boden.

Mit wenigen Sprüngen war Shank aber schon wieder am Funkwagen und blieb dort neben der Treppe stehen. Vermutlich durch den Knall der Pistolen aufgeschreckt, sprang der Funker heraus, um nachzusehen, was da passiert war. Sofort haute Shank ihm den Griff seiner Pistole ins Genick, so daß der Funker wie ein Sack zusammenfiel. Dann sprang Shank in den Funkwagen und riß dort die Zündkapsel eines Dynamitstabes ab, so daß dieser kurz nach Shanks Wiederauftauchen auch schon explodierte. Mit großem Getöse flog uns der Wagen regelrecht um die Ohren. Es war nur gut, daß ich schon vorher hinter dem großen Stromaggregat stand, so daß mir die Trümmer keinen Schaden zufügten.

Im Feuerschein konnte ich erkennen, daß Shank zehn Meter vom ehemaligen Standplatz des Funkwagens entfernt im Schnee lag. Schnell war ich bei ihm, kniete mich nieder und legte den Kameraden auf den Rücken. Als ich ihm unter den Helm faßte und seinen Kopf anhob, öffnete er die Augen. Mit vor Wut verzerrtem Gesicht starrte er mich an und sagte:

„Das war dafür, daß die verfluchten amerikanischen Bomber mein Haus mit Phosphor zerstört haben. – Und auch meine hübsche Frau und mein Engelchen haben sie dabei verbrannt. – Aber das schwöre ich denen, bis an mein Lebensende werde ich diese grausigen Morde rächen! – Vergessen wird nichts!"

Als ich versuchte, Shank, der nach meiner Meinung einen Koller hatte, zu beruhigen, knallten haarscharf mehrere Salven Explosivgeschosse an meinem Kopf vorbei.

„Los, weg hier!" schrie ich Shank zu, „weg aus dem Feuerschein, sonst sind wir geliefert!"

Ich selbst sprang auf, griff nach meiner Maschinenpistole und rannte weg. An der Ecke eines kleinen Hauses blieb ich stehen und sah mich um. Shank aber kam ganz langsam auf mich zu, und in Höhe seines Kopfes zogen zischend die hellroten Geschosse vorbei. Mir kam der Gedanke, daß mein treuer Kamerad Shank jetzt den Tod suchen könnte. Als er bei mir stand, legte ich meinen Arm um seine Schulter und sagte zu ihm:

„Mensch, alter Kumpel, dreh jetzt bloß nicht durch. Ich brauch' dich noch. Ohne dich bin ich doch aufgeschmissen. Nur gemeinsam können wir es den Amis ordentlich heimzahlen!"

Wie verwandelt – auch mit einer ganz anders klingenden Stimme – antwortete Shank:

„Hast recht, Norrie! Erst müssen wir unseren Einsatz hinter uns bringen."

Im Trab liefen wir nebeneinander weiter und hatten die Maschinenpistolen im Hüftanschlag, den Finger immer am Abzug. Dann wurde aus fünfzehn Metern von links auf uns geschossen. Im Schein des Brandes sahen wir im Türrahmen einen amerikanischen Soldaten, der mit der MPi feuerte. Gleichzeitig ließen wir uns auf die Knie fallen und erwiderten die Schüsse. Getroffen stolperte der Schütze die Treppe herunter und blieb vor dem Haus auf der Straße liegen.

Groß war unsere Sorge um Clarke und die anderen Kameraden. Als wir wieder an der Ecke eines Hauses stehenblieben, wurde plötzlich über unseren Köpfen aus einem Fenster heruntergeschossen. Aber nicht auf uns, sondern auf Clarke, der über die Straße auf uns zurannte, während der Schnee und Dreck um ihn von den Einschlägen aufspritzten. William und ich rissen jeder eine Handgranate vom Gürtel, zogen mit den Zähnen die Sicherungsstifte heraus, öffneten die Zündspangen und warfen nach kurzer Verzögerung die „Ostereier" in das Zimmer, aus dem die Schüsse kamen. Sekunden später gab es zwei Explosionen, und im selben Augenblick hing der Schütze auch schon aus dem Fenster. Seine MPi fiel uns genau vor die Füße.

Dann hörten wir, daß auf der anderen Seite des Ortes mehrere Detonationen donnerten. Gleichzeitig ratterten Feuerstöße aus Maschinenwaffen. Clarke war inzwischen bei uns angekommen. Mit ruhiger Stimme sagte er:

„Gut gemacht – wäre beinahe ins Auge gegangen!"

Dann wollten meine beiden Begleiter durch einen schmalen Gang weiterlaufen, um in den Kampf der anderen Kameraden einzugreifen.

„Stopp!" rief ich, „wir laufen unseren Leuten direkt vor die Flinten!"

Beide nickten, und wir liefen den Weg zurück, den wir gekommen waren.

Was hatte sich wohl bei der anderen Gruppe ereignet?

McKensie war mit seinen beiden Kameraden gut vorangekommen. Douglas und Carty hatte es fast die Sprache verschlagen, als McKensie direkt auf den Funkwagen zulief, aus dessen Tür Licht kam. Er betrat einfach die Kabine und erklärte dem Funker, daß er für ihn einen wichtigen Funkspruch abzusetzen hätte. Als der Mann zur Sprechtaste griff, schlug ihm McKensie mit dem Pistolenknauf auf den Kopf. Dann legte er eine Dynamitstange auf das Funkgerät und machte sie durch eine Zündschnur scharf. Sofort hatte er den Funkwagen verlassen und war in den nächsten geklettert, der zwanzig Meter entfernt stand. In diesem Augenblick explodierte der erste Wagen, und während McKensie auch im zweiten eine Dynamitstange zur Sprengung „deponierte", kamen aus der Tür des danebenstehenden Hauses einige Soldaten angestürmt.

Auf die schienen aber Carty und Douglas schon gewartet zu haben. Fast gleichzeitig schossen sie mit den Maschinenpistolen auf die anrennenden Amerikaner. Noch beim Verlassen des Funkwagens schoß McKensie mit der Leuchtpistole auf das dabeistehende Stromaggregat. Das fing sofort Feuer.

Am Dorfausgang trafen wir sechs wieder zusammen. Und besorgt fragte jeder den anderen, ob auch alles in Ordnung wäre.

„Klar!" sagten dann alle wie aus einem Munde.

Im Sturmschritt liefen wir auf der Straße zu unseren Fahrzeugen. Die Besatzung des Panzers erklärte uns, daß sie trotz des Gefechts leider vergeblich auf den Einsatzbefehl von Clarke über Funk-Sprech gewartet hätten. Zu gerne hätten sie den Sherman zum Einsatz gebracht.

Noch bevor wir abfuhren, füllten wir erst die leergeschossenen Magazine wieder auf. Im Innern des Lastwagens breitete Clarke die Karte aus und leuchtete sie mit der abgedunkelten Taschenlampe ab. Er machte Shank darauf aufmerksam, daß in Kürze eine Abzweigung nach rechts käme, in die wir einbiegen wollten.

Ohne die Scheinwerfer eingeschaltet zu haben, fuhren wir los. Bald hatten wir die vorgemerkte Straßenabzweigung erreicht, und Shank bog befehlsgemäß ab. Diese Straße sollte uns nach Vieux-Fourneau führen. Es ging steil bergab. Wir mußten einige Zeit fahren, ehe links vor uns wieder Lichter auftauchten.

„Das müssen die Häuser von Fourneau sein", meinte Shank, der sich die Strecke gut eingeprägt hatte. Kurz vor den ersten Gebäuden standen auf der Straße mehrere Gestalten. Shank schaltete die Scheinwerfer ein. Die Fahrzeuge hinter uns machten es genauso. Als wir bis auf zwanzig Meter heran waren, sahen wir, daß es Soldaten mit schußbereiten Maschinenpistolen waren, und auf ihren Helmen konnten wir deutlich die beiden Buchstaben MP erkennen. Uns war klar, daß wir einer Streife der Military-Police in die Hände gefallen waren.

„Feuer!" schrie Shank.

Ich zog am Abzug des schweren Maschinengewehrs und feuerte auf die Gruppe, die auf der Straße stand und uns anhalten wollte.

Dann drückte ich den Griff des MG nach außen, so daß die Garbe links auf die Häuser traf. Im Licht der Scheinwerfer war zu erkennen, daß mehrere Soldaten da herauskamen. Die Geschosse der Leuchtspurmunition spritzten von den Wänden.

Finch gab uns mit dem schweren Flak-MG des Panzers Unterstützung. Plötzlich schrie Shank auf. Der Jeep kam ins Schleudern. Mit Mühe gelang es aber, den Wagen wieder in die Gewalt zu bekommen. Dann griff ein MP-Soldat, der sich an unser Fahrzeug geworfen hatte, mit den Händen ins Steuer und hielt sich daran fest.

Ich zog meine Pistole aus dem Futteral und schoß knapp an Williams Gesicht vorbei mehrmals auf den Amerikaner. Der ließ los, und Shank gab Vollgas. „Mich hat's erwischt", sagte er. Dennoch brausten wir weiter. Hinter uns war das Feuern von Maschinenwaffen, insbesondere des schweren Gewehrs vom Turm des Panzers, immer noch zu hören. Shank verlangsamte seine Fahrt. Die anderen waren nicht so schnell gefolgt. Dann tauchte links am Straßenrand eine kleine Kirche auf. Shank fuhr darauf zu. Als er anhielt, sprang ich aus dem Jeep und lief auf die andere Seite zu William. Im Schein der Taschenlampe sah ich, daß ihm Blut aus dem linken Ärmel des Tuchmantels tropfte. Leise stöhnte der Getroffene vor sich hin.

„Wie sieht's aus?" fragte er, „ist es schlimm?"

Um das aber genau feststellen zu können, hätten wir ihm erst den Mantel und die Uniformjacke ausziehen müssen. Doch da näherte sich aus der Ferne Motorengeräusch. Shank meinte:

„Wir werden verfolgt", und reichte mir meine Maschinenpistole herüber. Dann stieg er selbst aus dem Fahrzeug und griff auch nach seiner Waffe. Als wenn nichts wäre, hantierte er mit seinem getroffenen Arm. Für mich war das ein Zeichen, daß seine Verwundung nicht so schwer sein konnte.

Ich kniete mich nieder und öffnete den Deckel des Hülsenauswerferkastens, der an dem M3-Machine-Gun gleichzeitig die Sicherung ist. Das Motorengebrumm wurde immer stärker. Dann waren schon die dunklen Umrisse eines Wagens zu erkennen. Auf einmal blinkten seine Scheinwerfer an und aus. Da wußten wir, daß es unsere Kameraden waren. Humpelnd stieg Carty aus und kam auf uns zu. Er fluchte, weil ihm „die Hunde" durch die linke Wade geschossen hatten. Sonst aber, meinte er, sei weiter nichts passiert – außer, daß das Fahrzeug einige Treffer abbekommen haben müßte. – Das war vielleicht ein Gemütsmensch!

Ehe das nächste Fahrzeug kam, verging noch einige Zeit. Dann tauchte der Lastwagen mit den Benzinkanistern auf. McKensie stieg aus, und wir fragten ihn sofort nach dem Verbleib von Clarke und Douglas sowie nach Ashburn mit Finch und dem Panzer. McKensie erzählte uns, daß der Sankra auf der Straße gestanden hätte, und Clarke habe ihn vorbeidirigiert. Wegen der Enge der Straße wäre das mit dem breiten Lastwagen allerdings nur schwer gelungen. Finch hatte inzwischen mit dem Panzer-MG Feuerschutz gegeben.

Da wurden die Geräusche wieder lauter, und das Dröhnen des Panzermotors war herauszuhören. Also war Ashburn im Anmarsch. Aber zunächst tauchte der Sanitätswagen auf. Langsam folgte der Sherman. Beide hielten an. Clarke rief uns zu, daß es Douglas bös erwischt hätte. Aber auch Ashburn rief:

„Kommt her, Finch hat eins abgekriegt!"

Wir liefen zum Sanitätswagen. Mit Hilfe der schwach scheinenden Taschenlampe sahen wir, daß links am Fahrerhaus, beim Ersatzrad, der Reifen völlig zerschossen war, und die Wand neben dem Fahrersitz mehrere Einschüsse hatte. Aus dem offenen Fenster hörten wir Douglas wimmern. McKensie und Carty hatten schnell eine Trage aufgeklappt, und wir versuchten, nun von der anderen Seite, so gut es möglich war, den Schwerverletzten aus dem Wagen zu bergen. Als wir ihn anfaßten, schrie er fürchterlich auf. Nur mit Hilfe von Clarke und Carty gelang es uns, ihn endlich auf die Trage zu bekommen. Clarke meinte, wir sollten Douglas in die Kirche tragen, dort wäre es besser möglich, ihn zu untersuchen und zu versorgen. Die Tür der Kirche war offen.

Crouse kam dann mit Finch an. Er hatte ihn umfaßt und führte ihn behutsam. Die Trage mit Douglas stellten wir über die Rückenlehnen der Bankreihen, so daß wir von beiden Seiten an ihn heran konnten. Clarke hatte von dem kleinen Altar die Kerzenständer genommen und die Lichter angezündet. In ihrem Schein begann ich Douglas vorsichtig zu entkleiden. Clarke half mir dabei. Nun war es an mir, mich als Sanitäter zu bewähren.

Mit der Kleiderschere aus dem Verbandskasten mußten wir vom rechten Arm aus über die Schultern zum linken Arm die gesamte Uniformjacke aufschneiden. Clarke und Crouse hielten den wimmernden Kameraden vorne fest, während ich vorsichtig den Rücken des qualmenden Mantels aufklappte. Der Mantelrücken war ein einziger Brei aus Stoff und Fleisch. Es stank furchtbar nach Phosphor. Wieder mußte ich mit der Kleiderschere auch das Unterzeug beiderseits der Hüften bis zum Nakken aufschneiden, damit ich an die große und gräßliche Wunde herankam.

Da sahen wir, daß Douglas an der linken Seite elf Einschüsse hatte. Seine rechte Schulterseite war ein einziges Loch, aus dem das Blut nur so lief. Clarke und ich warfen uns bedeutungsvolle Blicke zu. Wir schüttelten mit dem Kopf, wie es möglich war, daß der Mann noch lebte. Zwar hatte ich nur eine kurze Ausbildung als Sanitäter; dennoch traute ich mir auf Grund meiner im Einsatz gemachten Erfahrungen die Beurteilung zu, daß unserem Kameraden nicht einmal mehr von den besten Ärzten geholfen werden könnte. Niedergeschlagenheit überfiel uns für einige Momente.

Douglas saß nun aufrecht und war mit seinem Kopf an Clarkes Brust gelehnt. Plötzlich öffnete er die Augen und erkannte Clarke. Leise sagte er zu ihm: „Kommandoführer, nicht böse sein!" Dann drehte er den Kopf etwas zur Seite und blickte auf die brennenden Kerzen. Er sah mich an und fragte: „Ist es schon Weihnachten, Norrie?" Es war mir nicht möglich, die Frage unseres sterbenden Kameraden zu beantworten. – Mit einem tiefen Seufzer sackte er zusammen.

Obwohl er nun tot war, zerschnitt ich noch mehrere Verbandspäckchen und legte sie in die offene Wunde. Gemeinsam legten wir den Toten auf die Tragbahre zurück. Dann hoben wir sie von den Bankreihen herunter und stellten sie vor dem Altar im Mittelgang ab. Clarke verließ die Kirche und kam bald darauf mit einem Schreibblock wieder. Er stellte sich neben den Altar und begann zu schreiben:

„Ich bin ein deutscher Fallschirmjäger und Angehöriger einer Kommandogruppe im amerikanischen Hinterland. – Bitte beerdigt mich!"

Dann legte er dem Gefallenen das Blatt auf die Brust und stellte mehrere Kerzenständer neben den aufgebahrten Leichnam unseres Kameraden auf den Boden. Eine Kerze blieb auf dem Altar vor dem Kruzifix stehen.

Mit Crouses Hilfe machte ich mich daran, die anderen Verwundeten zu versorgen. Zuerst nahm ich mir den Finch vor; denn ihn hatte es am ärgsten getroffen. Er hatte knapp links neben dem Mund einen Streifschuß erhalten, der sich über die ganze Wange hinzog und noch vom linken Ohr das obere Stück weggerissen hatte. Weil mir bekannt war, daß Gesichtsverletzungen sehr stark bluteten, legte ich ihm zwei geöffnete Verbandspäckchen auf die Wunde und versuchte mit Hilfe des weißen amerikanischen Leukoplasts den Verband zu befestigen. Finch klagte über starke Kopfschmerzen. – Während der Bedienung des schweren Maschinengewehrs vom Turm des Panzers war eine Feuergarbe an seinem Gesicht vorbeigespritzt, davon hatte ihn eines der Explosivgeschosse erwischt. Nur gut, daß es ihn nicht voll getroffen hatte, sonst wäre ihm der Kopf weggerissen worden. Als Finch versorgt war, setzte er sich in eine Kirchenbank.

Dann kam Shank dran. Als ich ihn im hellen Licht der Taschenlampe sah, stellte ich fest, daß der Kragen seines Mantels blutverklebt war. Ich nahm ihm erst einmal den Helm vom Kopf, und da merkten wir erst, daß er von der linken Halsseite, vorbei am Ohr bis hinauf zum Haaransatz eine klaffende Wunde hatte, die stark blutete. Vermutlich hatte der MP-Soldat, der ihm ins Lenkrad gegriffen hatte und den ich dann herunterschoß, noch mit der Pistole auf ihn geschossen und ihm dabei die zweite Verwundung beigebracht; denn als wir ihm den Mantel, den Uniformrock und das Hemd auszogen, sahen wir, daß er auch einen Streifschuß hatte, der sich am linken Unterarm vom äußeren Knöchel bis zum Ellenbogen hinzog. Finger und Arm waren aber noch zu bewegen, so daß das Gelenk nicht verletzt war.

Bald war alles verbunden, und wir zogen Shank wieder an. Auch er verweigerte genau wie Finch eine Morphiumspritze und meinte, sonst müsse er wie besoffen durch die Geographie fahren.

Dann kam Carty an die Reihe. Tatsächlich hatte er einen Wadenschuß. Glatt durch. Ein- und Ausschuß waren fast gleich groß. Beiderseits der Wade war etwas Blut heruntergelaufen. Nach seiner Versorgung packte ich die Sanitätstasche wieder zusammen. Dann bat uns unser Kommandoführer, am Totenlager unseres Kameraden zusammenzutreten. Gemeinsam sprachen wir ein „Vater-Unser". Zum Abschied grüßten wir ihn noch einmal und verließen dann wortlos die kleine Kirche. Unser toter Kamerad blieb im Schein der flackernden Kerzenflammen zurück.

Der fünfte Tag im amerikanischen Hinterland (21. Dezember 1944)

Vierzig auf einen Streich

Inzwischen war der fünfte Tag im Hinterland der Amerikaner angebrochen. McKensie, der bei den Fahrzeugen zurückgeblieben war und Ausschau gehalten hatte, meldete, daß sich nichts gerührt hätte. Vermutlich hätten die Amis die Nase vollgehabt.

Shank wollte trotz seiner Verwundungen weiterhin den Jeep fahren. Auch Carty dachte „nicht im Traum" daran, wegen solch „kleiner Schrammen" den Lastwagen abzugeben. McKensie übernahm den Tank-Lastwagen, und Clarke fuhr den Sankra jetzt selbst. Finch mußte sich zu ihm auf den Beifahrerplatz setzen. Der nickte zu dieser Anordnung, sprechen konnte er wegen seiner Gesichtsverletzung nicht.

Ich sollte nun als Richtschütze in den Panzer einsteigen. Schnell hatte ich meine Sachen geschnappt und war auf das große Ungetüm geklettert. Im Turm schaltete ich erst einmal die Optik-Beleuchtung ein. Bei diesem dürftigen Licht verstaute ich meine Waffen und Geräte so, daß sie mir nicht im Wege, aber dennoch gleich zur Hand waren. Den großen, schweren Ami-Stahlhelm vertauschte ich mit einem Lederhelm, in den Kopfhörer und Mi-

Der Verfasser als junger Fallschirmjäger-Gefreiter z. Z. der Ardennen-Offensive

Umseitig die Auszeichnungen,
die der Gruppe nach Beendigung des Kommando-Einsatzes hinter den
amerikanischen Linien verliehen wurden

Ein Ritterkreuz für den Einsatzführer

Deutsche Kreuze in Gold für jeden Angehörigen

Panzervernichtungsabzeichen für Einzelkämpfer
in Gold und Silber für jeden Angehörigen

und das Heeres-Panzerkampfabzeichen I. Stufe
für den Panzerschützen Frühbeisser (Verfasser)

Diese Auszeichnungen hatte der Verfasser
bereits vor dem Kommando-Einsatz:

Eisernes Kreuz, 1. Klasse

Fallschirmschützen-
abzeichen

Fallschirmjäger-
erdkampfabzeichen

Fallschirmjäger auf dem Vormarsch im Einsatzraum Grafweg-Groesbek
(Alliierter Luftlandeversuch)

Einweisung der
Truppenteile in die
Gefechtslage

Fallschirmjäger-MG-Trupp in der Feuerstellung (MG 42)

Fallschirmjäger dringen in einen feindbesetzten Ort in den Ardennen ein

Fallschirmjäger mit Panzerfaust

Fallschirmjäger mit 12-cm-Granatwerfer im Feuerkampf

Fallschirmjäger aufgesessen auf „Königstiger" der SS-Panzer-Vorausabteilung der „Leibstandarte Adolf Hitler" während der Ardennen-Offensive (hier von links: Obergefreiter Koos, Oberjäger Lenz, Oberjäger Löwe, Kompanie-Melder Hess. Im Hintergrund der Panzer-Kommandant SS-Unterscharführer Persin)

Vormarsch unserer „Königstiger" vorbei an zur Sammelstelle ziehenden Gefangenen des 394th US-Infantry-Regiments der 99th US-Infantry-Division

Die Kommandogruppe „Ehrenreich" vor dem Beginn des Einsatzes im Rücken der amerikanischen Ardennenfront (hier von links: *Ashburn*-Oberfeldwebel Franz Mader; *Clarke*-Oberleutnant Ehrenreich Freiherr von Helmstorff zu Bennigenburg, der Führer der Kommandogruppe, der später zum Hauptmann befördert und mit dem Ritterkreuz ausgezeichnet wurde; *Finch*-Leutnant Hans-Erich Meyer; *McKensie*-Leutnant Fritz Heinemann; *Breadfoud*-Gefreiter Rudi Frühbeisser, der einzige Überlebende der Kommandogruppe und Verfasser dieses Berichts; *Shank*-Feldwebel Kurt Wiegand; *Douglas*-Oberfeldwebel Fritz Stoll; *Crouse*-Oberjäger Horst Stein (am rechten Bildrand) – *Carty*-Fähnrich Horst Vack hat die Aufnahme gemacht und ist folglich nicht mit auf dem Bild.)

Sicherstellung von Verpflegung in einem amerikanischen Depot
(hier von links: Ashburn, Finch, Breadfoud, Douglas, McKensie und Clarke)

Voraus unser Jeep während einer Ortsdurchfahrt im Hinterland des Feindes

Von einem stehengelassenen Carrier der Amerikaner wird Munition für
unseren Beutepanzer (Sherman), genannt das „Monster", übernommen

So sahen die Reste unserer Gefechtsgegner nach dem Kampf aus
(Bulldogs und Carrier)

Mit einem „gefundenen" WEASEL wurden Fernmeldekabel aufgenommen
und „verschleppt"

Unser Jeep war auf Kundschafter-Tour und hat einige Beute mitgebracht

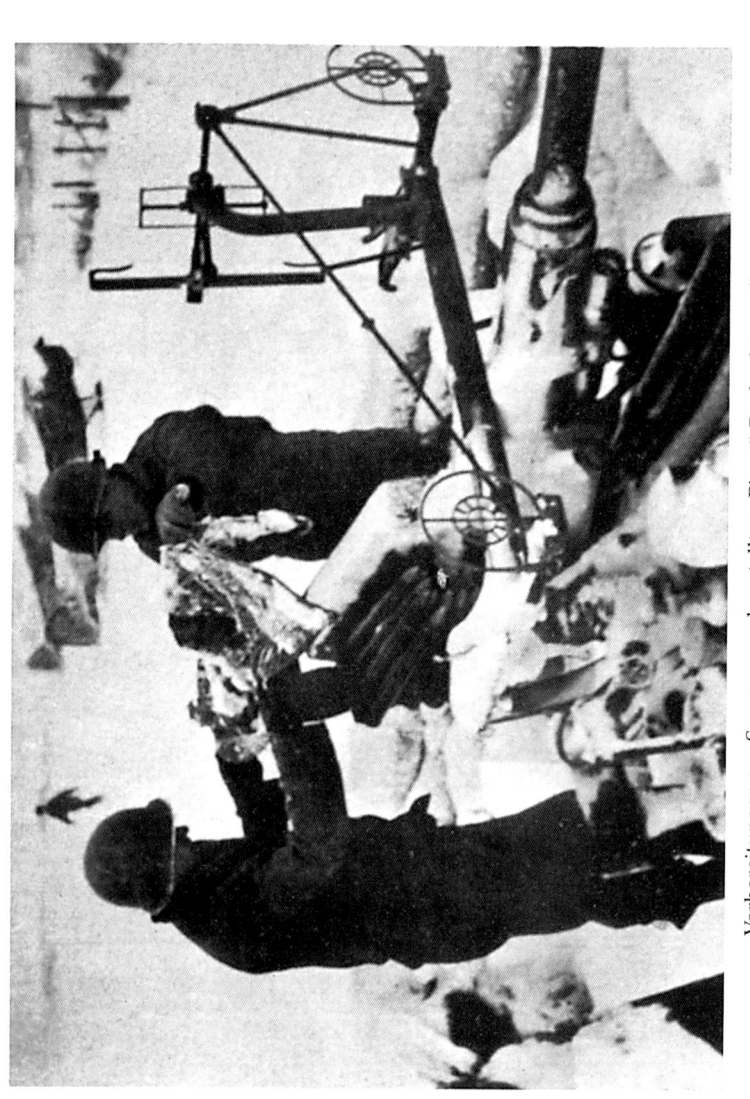

Vorbereitungen zur Sprengung abgestellter „Piper"-Beobachtungsflugzeuge und einer 3,7-cm-Flak (Anti-Aircraft)

Das blieb von einem gesprengten „Walker-Bulldog-Tank" übrig

Das waren sechs meiner Kameraden, nachdem Douglas bereits seinen
Verletzungen erlegen war
(hier von links: Ashburn, Finch, Clarke, Carty, McKensie und Crouse)

Diesen Gefechtsstand „besuchte" unser „Military-Chaplain" Clarke

Aus sicherer Entfernung beobachteten hier McKensie und Shank die Wirkung
unserer Vernichtungsschläge

krofon ein- beziehungsweise angebaut waren. Das war im Panzerturm besser. Dann nahm ich mir die Karte vor und sah, daß wir uns doch durch den Zwischenfall sehr weit von unserer zuvor festgelegten Wegstrecke entfernt hatten. Die kleine Kirche befand sich nämlich am Rand des „Grand Bru Roche-à-Frêne".

Ich meldete mich dann zwar bei Ashburn als „klar zum Einsatz", teilte ihm aber gleichzeitig meine Entdeckung mit. Er rief Clarke deshalb an, der auch umgehend bei mir am Turm des Panzers war und es sich genau erklären ließ, was ich meinte. Ich sagte ihm darauf, daß wir nach dem Kampf in Vieux-Fourneau an der Straßenkreuzung hätten links abbiegen müssen. Nun aber könnten wir nach diesem Gefecht ja wohl nicht dahin zurückfahren. Wir beschlossen deshalb, einen kleinen Feldweg nach links zu benutzen, der uns auf die Straße zum Ort Fays bringen sollte.

Clarke bedankte sich für diese Aufmerksamkeit und gab allen Fahrern die neue Streckenführung zur Kenntnis. Dann kam sein Kommando zur Abfahrt.

Nach einer reichlich schwierigen Fahrt über das Gelände – besonders für die Radfahrzeuge – erreichten wir die Straße, auf der wir bald die Orte Fays und Harre hinter uns brachten. Am Ausgang des letztgenannten Dorfes erhielt ich von Ashburn über Bordfunk die Mitteilung, daß wir mit dem Sherman jetzt Spitze fahren sollten. Wir zogen an den anderen vorbei, die angehalten hatten. Dann ging's langsam weiter.

Ich hatte mich hoch im Turm aufgerichtet und konnte so die vor mir liegende Hauptstraße, die von Werbomont nach Houffalize führte, gut übersehen. Es war die Straße N 15. Nach unserem Einsatzplan hätten wir nun nach rechts abbiegen müssen. Doch bevor wir dazu kamen, sah ich in einiger Entfernung mehrere Lichter ankommen. Aus diesem Grund nahm ich im Richtschützensitz Platz und suchte mit der Optik die Lichterreihe. Schon nach Sekunden hatte ich sie im Blickfeld und konnte auch erkennen, daß es die Scheinwerfer einer längeren Fahrzeugkolonne waren. Langsam bewegte sich der Konvoi durch die Visiereinrichtung. Crouse hatte mir inzwischen auch schon „Rohr klar" gemeldet, und mit Clarke war unser geplanter Feuerüberfall abgestimmt. Die Entfernung war eingestellt, und ich drückte auf den Auslöser der Kanone. Hell blitzte es im Konvoi auf, und deutlich konnte ich den Treffer erkennen. Ich richtete nach, und mit dem nächsten Schuß war auch das erste Fahrzeug der Kolonne in Brand geschossen. Nun jagte ich Schuß auf Schuß aus dem Rohr, und in kürzester Zeit stand die ganze Fahrzeugreihe in hellen Flammen. Es sah aus, als wäre die Straße – vermutlich von dem ausgelaufenen Benzin – ein einziges Feuermeer. Haushoch züngelte die gelbrote Lohe in den Nachthimmel.

Da bekam Ashburn von mir das Zeichen zur Weiterfahrt. Ich schaute mir dabei noch eine Weile das Chaos an, das ich hinterlassen hatte. Dann mußten wir scharf rechts 'ran, weil Shank mit dem Jeep an uns vorbeizog und die Spitze wieder übernahm. Wir bogen dann später wieder nach links auf eine Nebenstraße ab, um bald darauf den kleinen Ort Vaux-Chavanne zu durchfahren. Später ging's nach rechts in einen Wald. Hier machten wir erst einmal halt, um uns – auch innerlich – zu sammeln.

Ich stieg von meinem Panzer herunter und begab mich an den Jeep, wo Clarke und die anderen Kameraden sich schon eingefunden hatten. Auch Finch war unter ihnen. Als ich ihn fragte, wie es ihm ginge, nickte er mit dem Kopf und klopfte mir mit der Hand mehrmals auf die

Schulter. – Aber eine Morphiumspritze wollte er immer noch nicht haben.

Clarke schaltete das Funkgerät ein und meldete:

„Alfa — Romeo — Delta — Echo — November — neun — Commander.

Ich habe fünf Meldungen:

Erstens: In Heyd haben wir durch eine nicht erklärbare Explosion etwa dreißig an einer Werkstatt abgestellte Panzer verloren.

Zweitens: In Izier sind unsere fünf Funkstellen in die Luft geflogen.

Drittens: Red Cross Number nine — Planquadrat S 13 — Bei einem Feuergefecht in Vieux-Fourneau ist Douglas seinen Verletzungen erlegen. Shank, Carty und Finch, die verletzt wurden, sind aber weiterhin im Dienst.

Viertens: Wir haben noch einen Benzin-Tankwagen dazu bekommen.

Fünftens: Auf der N 15 zwischen Werbomont und Harre ist ein Transportkonvoi von etwa vierzig Fahrzeugen durch Beschuß vernichtet worden."

Die Antwort aus dem Radio bedauerte den Tod von Douglas und die Verwundungen der anderen Kameraden. Ersatz für den „Verlust der Fahrzeuge, Panzer und Funkstellen" wäre jedoch nicht zu beschaffen. – Clarke schaltete das Gerät ab.

In der Zwischenzeit war es Tag geworden, und Crouse hatte warmes Essen zubereitet. Jeder verspürte plötzlich starken Hunger und vor allem Durst. Carty und Ashburn versorgten den Sherman aus Benzinkanistern; denn unser „Monster" war ein ausgemachter „Säufer". Wir hatten unsere leergeschossenen Magazine nachzufüllen und die Waffen wieder in Ordnung zu bringen. – Immer wieder mußte ich mir die linke Seite des Am-

bulanzwagens ansehen, die eine Unzahl von Einschüssen aufwies.
Trotz des vorher so groß angekündigten Hungers wollte dann keinem der Kameraden das gute Essen schmecken. Crouse mußte uns mehrmals regelrecht nötigen und schien es als persönliche Mißachtung seiner Kochkünste zu empfinden. Dem war aber nicht so, und dennoch stocherte jeder im Essen herum, als hätte Crouse einen alten Hut ausgekocht. Jetzt erst schien uns das Schicksal unseres Kameraden Douglas richtig an die Nieren zu gehen. Clarke ging dann von Mann zu Mann und schenkte jedem einen Becher Whisky ein. Aus der Ferne drangen wieder deutlich die Geräusche der Front zu uns herüber. Starker Schneefall hatte erneut eingesetzt.

Acht Panzer voraus – Entfernung sechshundert

Als wir unsere Weiterfahrt begonnen hatten, hörte es zu schneien auf. Wie besprochen, fuhren wir zunächst ein Stück zurück und dann nach rechts auf den kleinen Ort Bra zu. Aber Finch hatte die Wartezeit trotz seiner schlimmen Verwundung damit ausgenutzt, daß er „rund um die Palette" den Funksprechverkehr abgehört hatte. Dabei war eine für uns interessante Funkmeldung, die besagte, daß die SS-Kampfgruppe Peiper im Raum von Stavelot wegen Brennstoffmangels festlag. Da es bis dahin jedoch nicht unser Einsatzgebiet war, konnten wir auch nicht mehr für sie tun, als den Amis auch den Treib-

Stoff zu „sperren" – natürlich mit unseren Mitteln. Wir hatten unser Zielgebiet westlich von Sankt Vith, der Hauptstadt der Ardennen. Während der Fahrt drückte ich die Stirn an den Schutzgummi der Optik und sah mir so die Gegend an. Plötzlich hatte ich Fahrzeuge im Visier, die von rechts in den Zielkreis gekommen waren. „Stopp!" rief ich Ashburn zu, „Kolonne vor uns!" Mit einem Ruck stand der Sherman. Beim Nachstellen der Optik erkannte ich in den sich in etwa sechshundert Metern entfernten Fahrzeugen acht Panzer vom Typ „Walker Buddog Tank" sowie mehrere Personenwagen – also offenbar eine Führungsstaffel. Crouse hatte mir bereits wieder sein „Alles klar" zugeschrien, und ich hatte die Entfernung von der Optik abgelesen. Da löste ich den ersten Schuß aus. Augenblicke später explodierte der zweite Panzer in der Marschfolge und brannte dann lichterloh. Gleich darauf gelang es mir, auch den vorderen Panzer in Brand zu setzen. Dann drehte ich den Turm mit Hilfe des Motors weiter nach rechts, bis ich das letzte gepanzerte Halbkettenfahrzeug im Zielstachel der Optik hatte. Wieder löste ich den Schuß aus, unser Sherman ruckte, und das getroffene Panzerfahrzeug brannte ebenfalls. Voller Entsetzen sah ich dann, daß die fünf anderen „Tanks" quer über das Feld auf uns zufuhren. Das konnte brenzlig werden. Nur gut, daß die Anstürmenden im Fahren nicht schießen konnten.

Mit Ashburn verständigte ich mich dahingehend, daß wir im Zickzack fahren müßten und zwischendurch immer einmal stoppen, damit ich wieder einen Schuß anbringen könnte. So gelang es auch: Fahren — anhalten, Feuer! — fahren — anhalten, Feuer! — Schuß auf Schuß verließ das Rohr unseres Shermans.

Dann zogen auf einmal von links nach rechts Explosivgeschosse durch mein Blickfeld. Irgendeiner von uns mußte mit dem schweren MG des Jeeps ebenfalls auf die Panzerfahrzeuge schießen. Aber auch aus den Waffen der feindlichen Kampfwagen wurde gefeuert. Ob sie bei unseren Radfahrzeugen Wirkung erzielten, konnte ich bei meinem begrenzten Sichtfeld nicht sehen. Der Abstand zwischen uns und den jetzt frontal angreifenden Panzern verringerte sich immer mehr. Inzwischen brannten aber bereits drei von ihnen. Aus einem mußte die Besatzung ausbooten und lief brennend über das Schneefeld.

Plötzlich gab es am Sherman einen heftigen Schlag. Ich rief in das Mikrofon:

„Wir sind getroffen!"

Ashburn antwortete, daß Shank ihm durchgesagt hätte, unser Panzer habe vorn rechts am Oberteil einen Aufpraller abbekommen; denn die Leuchtspur sei steil in die Höhe gegangen. – War ich froh, als ich diese Botschaft hörte!

Mit zehn Schuß gelang es mir, die beiden letzten Panzer auch noch in Brand zu schießen. Dann kamen der Reihe nach die restlichen Halbkettenfahrzeuge dran. Als alles brannte, blickte ich aus dem Turm. Mit Schrekken sah ich, daß der nächste brennende Tank nur rund zweihundert Meter entfernt stand. Seine Besatzung lag im Schnee und bemühte sich, ihre brennende Kleidung zu löschen. Diese kurze Entfernung machte mir deutlich, wie die amerikanische Optik das Gesichts- und Blickfeld verzerrte. Ich war der Zieleinrichtung nach der Meinung gewesen, daß der Panzer, der zuletzt auf mich zukam, noch viel weiter weg gewesen wäre, als es sich nun zeigte.

Als wir dann später wieder haltgemacht hatten, haute

mir jemand auf die Schulter, und als ich mich umdrehte, sah ich in Clarkes lachendes Gesicht:

„Das war ja phantastisch", versuchte er den noch laufenden Panzermotor zu übertönen. „Mit 22 Schuß war das ein guter Erfolg!"

Ich kletterte vom Panzer herunter, und wir versammelten uns wie üblich am Jeep. Shank rieb sich die linke Hand und erklärte mir, daß er mir unbedingt habe helfen müssen, und aus diesem Grunde hätte er mit dem schweren Maschinengewehr auch auf die gepanzerten Fahrzeuge gefeuert. McKensie hatte ebenfalls mit dem schweren „Air-cooled Machine-Gun" einen ganzen Kasten leergeschossen.

Clarke gab daraufhin sofort unsere Erfolgsmeldung durch:

„Alfa — Romeo — Delta — Echo — November — neun — Commander. Wir haben ostwärts von Bra acht leichte Tanks und sechs gepanzerte Halbkettenfahrzeuge im Kampf verloren. Keinerlei Verluste an Soldaten."

Die Antwort lautete:

„Allmählich Zielort anfahren!"

Querfeldein fuhren wir dann langsam weiter und kamen nach Odrimont.

Der Militär-Seelsorger auf dem Gefechtsstand

Wir befanden uns dann auf einer längeren Fahrt über La Falise und Arbrefontaine, bis wir auf einem Feldweg durch einen Wald kamen, um den Ort Dairômont zu erreichen. Dort bog der Jeep rechts ab und fuhr auf der Straße weiter, die nach Mont-Petit-Halleux führte.

Hier war ein großes „Gewimmel". Viele amerikanische Soldaten gingen und standen herum. Aber keiner schien von uns Kenntnis zu nehmen. An einer Kreuzung überquerten wir die N 33, die von Trois-Ponts kommt und nach Vielsalm führt. Wir aber kamen nach Grand-Halleux. Hier war noch mehr Betrieb. Auf der Straße, meist jedoch neben den Häusern, hatten die Amis ihre Fahrzeuge abgestellt. Mitten im Ort ertönte es in meinem Kopfhörer:

„Wir werden hier gleich anhalten!"

Ich fragte bei Ashburn zurück, ob er etwa verrückt sei. Er aber sagte, daß der Befehl dazu von Clarke gekommen sei.

Inzwischen war unser Chaplain bereits ausgestiegen und hatte aus dem Ambulance-Wagen eine Tragetasche mitgenommen. Er war auf ein Haus zugegangen, aus dessen Tür eine Menge Telefonkabel herausführten. Neben dem Hauseingang stand ein Jeep mit dem Stander eines Regiments. Ruhigen Schrittes ging Clarke daran vorbei. Seine schwere Tasche war mit zehn Eierhandgranaten, fünfzehn Dynamitstangen und einer Lewisbombe gefüllt. Auf zehn Minuten Zündverzögerung hatte er alles eingestellt.

Von unserem Panzer war das ganze 25 Meter entfernt. Ein Major kam aus der Haustür; deutlich konnte man den silbernen Stern auf der Vorderseite seines Stahlhelms erkennen. Er grüßte den Chaplain und gab ihm sogar noch die Hand. Doch der blieb nicht stehen, sondern ging weiter und betrat das Haus. Bereits im Flur konnte Logan deutlich viele Stimmen aus einem Raum hören. In diesen ging er hinein und sah, daß mehrere Offiziere um einen Tisch standen. Einer saß etwas abseits und telefonierte. Es war ein Oberst. Vermutlich handelte es sich um einen Regimentsgefechtsstand. Keiner der Offiziere nahm von dem Eintretenden Notiz; nur ein junger Lieutenant fragte ihn, ob er einen Kaffee wolle. Logan nickte mit dem Kopf.

Während der Offizier den Raum verließ, stellte der Chaplain seine Tasche auf einen Stuhl, der seitlich an einer Wand stand, zog seinen Mantel aus und hängte ihn darüber. Dann verließ er wieder das Zimmer ohne Gruß, als wollte er nur kurz noch einmal hinaus. Da traf er mit dem Lieutenant zusammen. Wortlos nahm er diesem den Becher aus der Hand, trank ihn leer und ging aus dem Haus. Ruhig, wie er hineingegangen war, ging Clarke wieder auf seinen Sankra zu und stieg ein. Auch wir fuhren los und zwängten uns an haltenden Fahrzeugen vorbei dem Ortsausgang zu. Als wir ihn erreicht hatten, legte unser Verband „einige Briketts mehr auf", um möglichst schnell hier wegzukommen.

So waren wir einige Zeit gefahren, ohne daß etwas zu hören gewesen wäre. Dazu war unser Sherman eben zu geräuschvoll. Aber als ich einmal zurückblickte, sah ich, daß neben dem Kirchturm eine dicke schwarze Rauchwolke zum grauen Schneehimmel aufstieg. – Der Besuch des Chaplains hatte also Folgen gehabt! Über das Bordmikrofon gab ich meine Beobachtung an Ashburn weiter, der sie auch an die anderen Fahrzeuge durchsagte.

Weil wieder Schneefall einsetzte, war unsere Kolonne gezwungen, etwas langsamer zu fahren. Crouse, der mit im Panzer fuhr, nützte die Zeit, um unsere Munitionsvorräte zu überprüfen. Es waren noch 17 Sprenggranaten an Bord.

Dann führte uns die Straße durch einen hohen Tannenwald. An einer Abzweigung bogen wir in einen Nebenweg ein und suchten uns dort einen geeigneten Platz, an dem alle Fahrzeuge unterziehen konnten. Als wir

Clarke davon in Kenntnis setzten, wieviel Schuß wir noch für die Panzerkanone hatten, beruhigte er mich und meinte, daß wir dann eben bei nächstbester Gelegenheit Munition für den Sherman „einkaufen" müßten.

Ashburn, Crouse und McKensie waren dabei, den Panzer mit Sprit zu versorgen. Aber auch die anderen Fahrer stellten fest, daß durch die fast ständige Benutzung der Allradantriebe sehr viel Benzin verbraucht wurde. Noch hatten wir ja genug. Rund zweitausend Liter Treibstoff waren noch in den Kanistern des Tankwagens in Reserve. Dieser Vorrat müßte ausreichen, um zuletzt mit nur zwei Fahrzeugen – wenn auch auf Umwegen – unseren Durchschleusungspunkt wieder zu erreichen.

Clarke setzte dann seine Erfolgsmeldung ab:

„Alfa — Romeo — Delta — Echo — November — neun — Commander. Durch Unachtsamkeit eines Dummkopfes hat es im Regimentsgefechtsstand in Grand-Halleux eine Explosion gegeben. Wir selbst hatten ihn jedoch schon vorher verlassen, ehe uns diese Meldung erreichte. So hatten wir keine Verluste."

Die Antwort kam knapp und bündig:

„In einem anderen Ort neuen Gefechtsstand einrichten!"

McKensie und ich zogen auf Posten, und sichernd umkreisten wir das kleine Lager. Schon seit Tagen merkte ich, daß irgend etwas in mir steckte. Mein Mitposten erklärte mir, daß das die Auswirkungen des ständigen Pervitinverbrauchs seien. Außerdem wären wir alle ziemlich durchfroren, und so ordnete Clarke an, daß wir nach Möglichkeit bald einen Tag und eine Nacht in einem Haus verbringen sollten, um uns wieder zu erholen. Wir sahen alle „ganz schön" übernächtigt aus.

Die Augen lagen uns tief in den Höhlen, und die Bindehaut war stark gerötet. Als wir beide unsere Zeit als Posten „abgedient" hatten, weckten wir Carty und Ashburn als Ablösung.

Wohlig legten wir uns endlich hin, nachdem wir zuvor einen heißen Kaffee getrunken hatten. Logan, der neben mir in seinem Schlafsack saß und an einem Baumstamm lehnte, erklärte mir, daß es nur rund 25 Kilometer Luftlinie bis zur HKL (Hauptkampflinie) wäre, falls sich der Frontverlauf nicht inzwischen verändert hätte. Leider gab es seit Tagen keine Nachrichten mehr über den amerikanischen AFN-Sender. – Clarke entschied, künftig doch lieber nur bei Nacht zu operieren. Unsere verringerte Kampfkraft durch Tod und Verwundungen ließ die Durchführung von Tageseinsätzen als zu riskant erscheinen.

Finch, der wieder etwas sprechen konnte, hatte nicht mehr so starke Schmerzen, seit er einige Tabletten eingenommen hatte. Er bat, wieder den Tankwagen fahren zu dürfen. Gegen soviel Einsatzwillen war Clarke machtlos. So teilten wir uns neu auf: Shank fuhr weiterhin den Jeep, McKensie kam als Beifahrer dazu, um im Ernstfall das schwere Maschinengewehr bedienen zu können. Clarke selbst fuhr den Sanitätswagen weiter, und Carty hatte nach wie vor das „Vergnügen mit dem kleinen Laster". An der Besatzung im Panzer änderte sich nichts.

Während der Dämmerung teilte Crouse warmes Essen aus. Sarkastisch meinte er:

„Vollgefressen stirbt's sich leichter!"

Und zum Trost gab es starken Bohnenkaffee, der mit Whisky verschnitten war. Nach der Mahlzeit verstauten wir unsere Sachen wieder in den Fahrzeugen und trafen uns am Jeep zur Besprechung.

Shank sah wieder einen Funkwagen

Unsere Kampfgruppe fuhr dann auf dem Forstweg zurück und weiter auf einer Waldstraße. Als wir den Boisle-Monti verließen, lag vor uns Petit-Thier. Wir kamen da auf eine breitere Straße; später wieder auf einen Nebenweg, auf dem wir den Ortseingang von Burtonville erreichten. Die in den Ort hineinführende Straße gabelt sich, und in der Dämmerung bog Shank mit dem Jeep in die linke Abzweigung ein, während Clarke und die anderen Fahrzeuge auf der rechten Straße ins Dorf hineinfuhren.

Auf einmal machte Shank seinen Beifahrer darauf aufmerksam, daß hinter dem Dach eines Bauernhauses eine große Funkantenne in den Himmel ragte. Offenbar war er seit unserem „Funkstellen-Einsatz" ganz darauf fixiert, denn sofort hielt er den Jeep an und sagte: „Jaromie, diese Funkstelle werde ich mir ‚kaufen'."

Er nahm sich eine Lewisbombe, schnappte seine MPi und ging dann ganz gemütlich auf das Haus zu, neben dem ein großer Funkwagen stand. Ein Posten lief mit umgehängtem Karabiner auf und ab. Shank rief ihm zu, er müsse einen eiligen Funkspruch absetzen lassen; dabei ging er weiter auf den Funkwagen zu. Schon unterwegs bog er das Zündröhrchen, das auf eine Verzögerung von fünf Minuten eingestellt war, durch und biß die Säurekapsel ab. Dann stieg er die wenigen Stufen zur Funkkabine hoch und trat ein.

McKensie hatte ebenfalls den Posten gesehen, er rutschte auf den Fahrersitz hinüber und fuhr den Jeep langsam in eine bessere „Fluchtposition". Er hatte ein ungutes Gefühl im Magen gehabt, deshalb setzte er sich doch lieber hinter das sMG und machte es gefechtsklar.

140

Dabei hatte er den Posten nicht aus den Augen gelassen und sah nun, wie dieser die Haustür öffnete und etwas hineinrief. Wegen des laufenden Motors konnte er es allerdings nicht verstehen. Fast automatisch richtete er das Maschinengewehr auf den Hauseingang. Drei Soldaten kamen plötzlich heraus und liefen hinüber zum Funkwagen.

Shank stand bereits wieder in der Tür der Kabine und wollte gerade die Stufen herabsteigen. Da schossen im gleichen Augenblick die Amis aus ihren Maschinenwaffen, und McKensie eröffnete mit dem MG das Feuer auf die Schießenden. Da warf Shank auf einmal die Arme hoch, fiel auf den Rücken und blieb auf der Treppe des Wagens liegen.

McKensie war mit dem Jeep noch gute zwanzig Meter entfernt. Er schob sich wieder auf den Fahrersitz, gab Gas und fuhr los, um seinen Kameraden dort wegzuholen. Aber noch bevor er ankam, gab es einen lauten Knall, und eine Stichflamme schoß aus Tür und Fenster des Funkwagens. Durch die Explosion wurde Shank von der Treppe weggeschleudert und fiel mehrere Meter weiter brennend auf den Boden. Viele Trümmer stürzten auf ihn und begruben ihn unter sich. McKensie bremste, sprang aus dem Jeep und lief auf die Trümmer zu. Da wurde er vom Haus aus beschossen. Er warf sich auf die Erde und erwiderte mit der MPi das Feuer.

Als er erkannte, daß es nicht mehr möglich war, Shank zu helfen, weil der unter großen brennenden Stücken lag, machte er sich wieder hoch, rannte zum Jeep zurück und fuhr wie ein Wilder davon. Von einer Hausecke sprang ein amerikanischer Soldat auf den Wagen zu und gab mit beiden Händen Zeichen, daß er anhalten solle. McKensie verlangsamte die Fahrt, griff zu der neben ihm liegenden Leuchtpistole und drückte sie auf den Ami ab. Es war ein schauerliches Bild, als in der Dunkelheit die gleißende Magnesiumkugel auf den Soldaten traf und ihn in Bruchteilen von Sekunden in eine Fackel verwandelte. Mit Vollgas war er dann an dem brennenden Soldaten vorbeigefahren.

Trotz des laufenden Motors hatte ich im Turm stehend das Feuern der Maschinenwaffen gehört. Die Explosion des Funkwagens hatte blitzartig das Dorf erhellt. Clarke und Carty waren auf einem schmalen Verbindungsweg zwischen den Häusern auf die andere Seite des Ortes gerannt, um zu sehen, ob Unterstützung gegeben werden konnte. Als sie jedoch an dem Gehöft ankamen, mußten sie nur noch zur Kenntnis nehmen, daß hier keine Hilfe mehr möglich war. Vorsichtig traten sie den Rückweg an.

Wir waren inzwischen weitergefahren, als vor uns auf der hellen Straße der dunkle Umriß eines Fahrzeugs auftauchte. Weil ich im Turm stand, griff ich sofort zum Machine-Gun, um gegebenenfalls abwehrbereit zu sein. Aber da gingen schon seine Scheinwerfer an und aus, und damit war es klar, daß es sich um unser Fahrzeug handelte. McKensie stoppte und rief uns zu:

„Shank ist mit dem Funkwagen explodiert!"

Bald kamen auch Clarke und Carty wieder bei uns an. Clarke ließ sich genau von McKensie berichten, wie es zugegangen war. Dann schaltete er das Funkgerät ein und setzte seine Meldung ab:

„Alfa — Romeo — Delta — Echo — November — Red Cross Number nine — Planquadrat S 15 — Commander. Wir haben in Burtonville bei der Explosion eines Funkwagens Shank verloren!"

Aus dem Lautsprecher kam keine Antwort. Eine Bestätigung der Entgegennahme unserer Meldung war nicht mehr zu vernehmen. Alles ging unter in krächzenden und heulenden Tönen im Lautsprecher des Funkgeräts. Mit der Taschenlampenbeleuchtung mußten wir uns begnügen, um den Apparat zu untersuchen. Wir entdeckten mehrere Einschüsse an der Geräterückseite. Finch versuchte dann noch, den „Kasten" wieder funktionsfähig zu machen; aber auf der Skala des Amperemeters war keine Reaktion mehr abzulesen. Nun wußten wir nicht einmal, ob unser Funkspruch noch angekommen war. Aber dann sagte uns Finch, daß das Funkgerät völlig unbrauchbar geworden sei. Nun waren wir aufgeschmissen!

Beim Studium der Karte stellten wir fest, daß – wenn wir den kürzesten Weg fuhren, um unseren vorgeschriebenen Durchschleusungspunkt zu erreichen – wir immerhin noch 22 Kilometer zu fahren hätten. Von unserem derzeitigen Standpunkt aus waren es etwa zwölf Kilometer Luftlinie. Nach Clarkes Eintragungen war unsere Kommando-Einsatzgruppe bisher rund 225 Kilometer im amerikanischen Hinterland umhergefahren. Wenn nichts dazwischen käme, brächten wir es also auf rund 250 Kilometer bis zu unserem Zielpunkt an der deutschen Front.

Der sechste Tag im amerikanischen Hinterland
(22. Dezember 1944)

Das letzte Gefecht

Crouse hatte warmes Essen zubereitet. Bei der Durchsicht seiner Verpflegungsbestände kam er zu der Berechnung, daß er noch für vier Tage genug hätte, wenn wir am Tag zwei warme und eine kalte Mahlzeit empfangen würden. McKensie und Shank hatten nämlich während ihrer Erkundungsfahrt vor der Sprengung der großen Flußbrücke noch einiges „gefunden".

Clarke machte uns dann deutlich, daß durch den Ausfall von Douglas und Shank die Posten nunmehr immer drei Stunden auf Wache bleiben müßten, damit die übrigen Kameraden wenigstens den erforderlichen Schlaf bekämen.

Während dieser Nacht setzte wieder sehr dichter Schneefall ein, und starke Windböen traten auf. Das war in dem hohen Tannenwald nicht besonders angenehm, wenn unerwartet zentnerschwere Schneeladungen auf uns herniederdonnerten. Bei Tagesanbruch wurden wieder alle geweckt und erhielten erst einmal ein warmes Essen und dazu noch Kaffee mit Whisky. – Dabei erfolgte die übliche Einsatzbesprechung.

Dann ging es wieder in Marschkolonne weiter, zunächst

auf einer breiteren Straße. Das Gelände daneben war sehr hügelig. In dem tiefen Schnee schlitterten die Fahrzeuge hin und her, und für die Fahrer war es schwer, sie in der Spur zu halten. Also fuhren wir langsam und sparten somit gleichsam Betriebsstoff. Die Reihenfolge war nun McKensie mit dem Jeep, Carty mit dem kleinen Lastwagen, Chaplain Clarke steuerte den Sankra, und Finch ließ es sich trotz seiner schweren Gesichtsverletzungen nicht nehmen, den gewaltigen Dreiachser-Tankwagen zu fahren. Ashburn folgte mit dem Sherman-Panzer und darinnen Crouse und ich als Gefechtsbesatzung.

Vor der Abfahrt hatte uns Clarke noch dazu „vergattert", sofort beim Auftreten von Schwierigkeiten das Feuer aus allen Waffen zu eröffnen. Sollten wir jedoch durch eine unüberwindbare Straßensperre aufgehalten werden, so müßten wir umkehren und einen anderen Weg nehmen.

Ich stand im Turm des Panzers und suchte mit dem Fernglas die Straße und beiderseits das Gelände ab. Möglicherweise war irgendwo eine Pak versteckt, die uns den Garaus machen sollte. Wir mußten immerhin damit rechnen, daß man nun so allmählich begann, auf uns Jagd zu machen. – Von dem ständigen Blick durch das Okular brannten mir schon die Augen. Dann tauchte die dunkle Spitze eines Kirchturms hinter einem schneebedeckten Hügel auf. Über das Mikrofon sagte ich es Ashburn. Von ihm kam bald die Erklärung, daß dies der Ort Commanster sein müsse.

Mein Informationsweg war immer recht lang; denn ich hatte keine unmittelbare Sprechverbindung mit den anderen Fahrzeugen. Ich war nur mit Ashburn verbunden. Der wiederum stand auch mit der Führung im Ambulanzwagen im Kontakt.

Als wir näher kamen, konnte ich, da der Platz im Turm der höchste Aussichtspunkt unserer Kolonne war, eine dunkle Giebelwand erkennen. Mir war dabei so, als wären zwei Gestalten, die vermutlich Schnee-Tarnkleidung trugen, auf das Haus zugelaufen. Die Entfernung betrug nach meiner Schätzung noch gut zweihundert Meter. Ich teilte Ashburn meine Wahrnehmung mit, und der gab sie an Clarke und McKensie weiter. Nach einer Weile hörte ich Ashburns Stimme. Er teilte mir Clarkes Befehl mit:

„Langsam auf den Ort zufahren – Mögliches Ziel im Auge behalten!"

Weil es einen kleinen Hügel hinaufging, nahm ich wieder im Richtschützen-Sitz an der Kanone Platz. Dann hatten wir mit dem Panzer den Hügel so weit erklommen, daß ich mit der Optik gerade noch hinübersehen konnte. Da entdeckte ich in hundert Metern Entfernung links der Straße ein Haus. Es stand hinter der Kurve.

„Stopp!" rief ich Ashburn zu, und sofort stand der Panzer.

Deutlich konnte ich durch das Zielfernrohr eine Panzerabwehrkanone sehen. Die Bedienungsmannschaft war in Stellung gegangen. Mein Gedanke war, die können uns noch nichts anhaben, mehr als der Turm ist bestimmt nicht zu sehen.

In diese Überlegung hinein platzte Ashburn mit der Frage, ob ich denn zwanzig Meter links von uns das einzelne Haus nicht gesehen hätte. – Ich hatte es nicht gesehen; es lag im toten Winkel meiner Optik.

Von Anfang an hatte ich mir angewöhnt, alles, was ich von meinem Turmplatz aus sah, durch das Mikrofon weiterzugeben. Diese Art von Vorausmeldung hatte sich für unsere Kommandogruppe sehr als Vorteil erwiesen. Auch jetzt hatte mir als Folge davon Crouse bereits wieder die Kanone des Sherman „gefechtsklar" gemeldet, das hieß, sie war geladen und entsichert, konnte also jederzeit abgefeuert werden. Ashburn war inzwischen auf meinen Hinweis hin wieder etwas zurückgefahren, so daß mit Sicherheit nur der Turm über den Hügel ragte.

Die Pak war jetzt genau im Zielfeld. Ich löste den ersten Schuß, der Panzer ruckte, und durch die Optik sah ich, daß die Granate knapp neben dem Geschütz auf die Straße einschlug. Ich richtete ein wenig nach, und der zweite Schuß hatte voll die Bedienungsmannschaft getroffen. Zur Sicherheit setzte ich noch einen dritten ab, der genau das Geschütz traf.

McKensie stieg aus dem Jeep und ging langsam auf das Haus zu, das nur wenige Meter neben uns lag. Das war für mich Anlaß, ihm vom Panzerturm aus Feuerschutz zu geben. Mit der MPi in Vorhalte schlich Jaromie darauf zu. Als er bis auf wenige Schritte heran war, sprang ein Soldat in Schneebekleidung aus der Haustür und feuerte auf ihn. Neben McKensie spritzte es auf, der stolperte und blieb im Schnee liegen.

Ich visierte mit dem sMG die Haustür an und wartete nur darauf, daß der nächste Ami herauskommen sollte. Keine drei Schritte würde der machen. Aber da erhob sich McKensie blitzschnell und sprang an die Hauswand. Hörbar atmete ich auf, so hatte es ihn also doch nicht erwischt, wie ich zunächst schon befürchtet hatte. Nun stand er an der Hausecke und wartete auch darauf, daß jemand herauskäme. Statt dessen öffnete sich im ersten Stock ein Fenster, und sogleich steckte ein Soldat seine Maschinenpistole heraus und schoß von oben auf McKensie. Sofort gab ich Dauerfeuer auf den Fensterschützen. Roter Staub wirbelte von der Hauswand, und ich sah, daß meine Treffer gut lagen. Als sich die Staubwolke verzogen hatte, sah ich McKensie im Schnee liegen. Da sprang Carty aus seinem kleinen Laster und war mit wenigen Schritten bei ihm. Er hob Jaromie auf, hängte sich dessen Arm über seine Schulter und versuchte ihn wegzuschleifen.

Wieder spritzte es auf der Straße auf; aber ich konnte nicht sehen, woher die Schüsse kamen. Dann stürzte Carty mit McKensie hin. Ich gab Ashburn Anweisung, wie er mit dem Panzer neben die Kameraden fahren sollte, um ihnen Deckung zu geben. Er selbst konnte von seinem Fahrersitz aus nicht genügend sehen, weil die Liegenden für ihn im toten Winkel waren. Aber auch ich mußte nun aus der Turmluke heraussehen, durch die Optik war das nicht zu dirigieren. Ich riß mir also den Lederhelm vom Kopf und setzte mir schnell den Stahlhelm auf. Den Lederhelm mußte ich dann aber vor den Mund halten, weil ich ja nur durch dessen Mikrofon und Kopfhörer mit Ashburn verbunden war. Ich beugte mich also weit heraus und rief „Stopp!", als die beiden von unserem Panzer gedeckt waren.

Wie es dann weiterging, habe ich erst nachher erfahren. Für mich gab's nur einen wuchtigen Schlag auf den Kopf – und aus war's fürs nächste.

Als ich durch lautes Rauschen in den Ohren wieder wach wurde, sah ich nur gelbe und rote Feuerkreise. Dann spürte ich, wie mir eine Hand ins Gesicht faßte. Wie aus weiter Ferne vernahm ich eine Stimme, die mich fragte, was denn passiert sei. Ausgerechnet ich sollte das sagen. Dabei wußte ich gar nichts. Und als ich das zum Ausdruck bringen wollte und die ersten Töne meiner eigenen Stimme hörte, da ließ mich ihr Klang erschrecken. Nur durch „Milchglas" erkannte ich ein Gesicht, das langsam deutlicher wurde. Es war Crouse, der mich mit weit aufgerissenen Augen anstarrte. Noch immer rauschte es fürchterlich in meinem rechten Ohr.

„Du mußt mal nachsehen", sagte ich zu Crouse, „ich glaub', ich hab' einen Kopfschuß."

Crouse nahm mir den Stahlhelm ab. Ich spürte genau, wie er mit seinen Fingern meinen Kopf abtastete, dann seine Hände besah und den Kopf schüttelte. Er beugte sich über mich und meinte, er könne am Kopf keine Verwundung finden. Dann hielt er mir meinen Stahlhelm vor die Augen. An dessen hinterer Wölbung zog sich eine starke Rille schräg über das Blech. Dieser aufgeprallte Streifschuß war die Ursache – nicht nur für die „Schramme" am Helm, sondern auch für meine „geistige Abwesenheit". Deutlich konnte man mit dem Finger die Spur abtasten, die quer über den „Ami-Pott" verlief. Hätte ich den Lederhelm noch aufgehabt, so wäre es um mich geschehen gewesen.

Jetzt setzte sich Crouse seinen Stahlhelm auf und sah vorsichtig aus der Luke des Turms.

„Ungefähr dreißig Meter von hier – rechts des Hügels – ist noch ein Haus mit einem Fenster zu sehen. Von da muß der Schuß gekommen sein."

Ich setzte mir meinen Helm wieder auf und erhob mich langsam. Meine Beine zitterten noch fürchterlich. Das war sicherlich vom Schock, dachte ich mir und spähte über den Turmrand. Da sah ich das kleine Fenster in der Giebelwand. Vorsichtig und langsam faßte ich den Kolben des Maschinengewehrs und drehte es in Richtung auf das Haus. Dann schnellte ich mit Windeseile aus dem Loch, drückte mich an das MG und zog durch. Mit Dauerfeuer ballerte ich auf das Fenster und vergrößerte durch die Einschläge erheblich die Maueröffnung, aus der eine olivgrüne Gestalt heraushing. Danach setzte ich mich in den Panzer zurück, vertauschte wieder die Kopfbedeckung und fragte Ashburn, wie eigentlich die allgemeine Lage wäre.

Ashburn freute sich, daß ich wieder „vernehmungsfähig" war; denn Crouse hatte ihm berichtet, daß es mich erwischt hätte.

„Halb so schlimm", sagte ich, „Unkraut vergeht nicht!" Inzwischen hatten Clarke und Finch den verwundeten McKensie zum Sanitätswagen getragen. Carty lag noch im Schnee in einer großen Blutlache. Dann waren die beiden Träger auch zu ihm gekommen. Als sie ihm unter die Arme griffen, um ihn aufzuheben, riß dessen Oberkörper einfach ab. Er war in der Mitte regelrecht in zwei Teile zerschossen worden. Eine Garbe hatte ihn zersägt. Die Kameraden nahmen dann die beiden Körperhälften auf und schleiften sie über den Schnee ebenfalls zum Sankra. Dort betteten sie den geteilten Körper von Carty auf eine Tragbahre und deckten ihn mit einer Decke zu. Es roch stark nach Kot und Phosphor.

Um Platz für McKensie zu schaffen, warf Finch drei Taschen, in denen sich noch Bomben und Sprengmittel befanden, auf die Straße. Clarke nahm sie auf und stellte sie in das Fahrerhaus des kleinen Lkw.

Wie Knallerbsen zischte es auf einmal über die Straße und in den Ambulanzwagen. Durch meine Zieloptik erkannte ich, daß sie aus dem Fenster des Hauses kamen, vor dem die zerschossene Pak stand. Ich drückte auf den Auslöser, und der Schuß schlug zwischen den beiden Fenstern im oberen Stock ein. Als sich der Rauch des Einschlags verzogen hatte, war ein großes Loch in die Hauswand gerissen. Da rief Crouse dazwischen:

„Norrie, der Sankra brennt!"

Ashburn setzte den Panzer etwas zurück. Da stieg eine große Stichflamme in die Höhe, und der Sanitätswagen zerbarst in tausend Stücke.

Wo aber waren Clarke und Finch? Crouse wies Ashburn von seiner Einsteigluke aus bei der Rückwärtsfahrt ein. Dann konnte ich auch sehen, daß der kleine Lastwagen ebenfalls brannte. Auch er mußte explodiert sein; denn es befanden sich außer dem Sprengstoff noch rund dreißig Benzinkanister darauf. Als wir an den beiden Wracks vorbeigefahren waren, entdeckte ich Clarke und Finch an einer Straßenböschung im Schnee liegen.

Crouse stieg aus und sah nach ihnen. Dann gab er uns im Panzer zu verstehen, daß den beiden nichts weiter passiert sei, als daß sie von den Explosionen noch taub waren. Bald kletterte Clarke auf unseren Sherman und wollte, wenn wir am Jeep vorbeikämen, versuchen, ob der noch fahrbereit wäre. Finch fuhr mit dem großen Lastwagen dicht hinter dem Panzer her. Als wir an den beiden brennenden Fahrzeugen vorbeifuhren, glühten nur noch Teile der Rahmen und die Motoren mit den vorderen Rädern. Im weiten Umkreis war der Schnee von den Explosionen schwarz gefärbt. Als wir den Jeep erreicht hatten, sprang Clarke vom Panzer herunter und stieg in den Wagen ein. Die „Karre" war noch fahrfähig. Nur gut, daß sich darin noch ein Sprechgerät befand, so daß wir untereinander Kontakt hatten. Wir wollten versuchen, schnellstmöglich aus dem Ort hinauszukommen. – Clarke gab den Befehl zur Abfahrt.

Ich zog das Turmluk etwas über die Einstiegsöffnung, damit man mir aus keinem Fenster Eierhandgranaten in den Panzer werfen könnte. Finch folgte uns in einem Abstand von nur zehn Metern, dahinter fuhr Clarke mit dem Jeep. Ashburn ließ den Panzer laufen, was er hergab. Meine Nerven waren zum Zerreißen gespannt. Jeden Augenblick erwartete ich, daß wir abgeschossen würden. Links der Straße sah ich im Talgrund einige Häuser. Gewissenhaft suchte ich die Gegend ab, ob nicht irgendwo eine Pak versteckt sein könnte, die uns bereits im Visier hatte. Rechts tauchte wieder die Kirche auf, deren Spitze ich schon gesehen hatte, ehe wir den Ort erreicht hatten. Da war auf der anderen Seite auch wieder die Pak, die ich bereits zu Beginn des Gefechts abgeschossen hatte. Die tote Geschützbedienung lag noch so da, wie sie getroffen worden war.

Hinter dem Geschütz ging eine schmale Straße ab, auf der jedoch das Geröll der Hauswand lag. Über das Mikrofon rief ich Ashburn zu, geradeaus zu fahren. Dann kamen wir an eine Kreuzung, jetzt sollte Ashburn links einbiegen. In einer Entfernung von hundert Metern tauchte rechts aus einer Nebenstraße ein „Personell-Carrier" auf, das sofort mit seinem überschweren Maschinengewehr das Feuer auf uns eröffnete. Aber auch im gleichen Augenblick verließ der erste Schuß das Rohr unseres Panzers. Durch die Optik konnte ich erkennen, daß der Schuß zwischen den Raupen detoniert war. Der zweite Schuß verließ die Kanone, und auf diese kurze Entfernung war es ein Volltreffer. Sofort brannte das leichtgepanzerte Fahrzeug. Magnesiumkugeln schossen in allen Farben in die Luft, und dann platzte der Kampfwagen auseinander – ein qualmender Trümmerhaufen.

Als ich über den Turmrand spähte, sah ich knapp hinter uns den Jeep stehen. Nur beiläufig dachte ich, nanu, war da nicht eben noch der Tankwagen?

Dabei ließ ich mich aber schon wieder in den Sitz zurückgleiten und rief Ashburn zu weiterzufahren. Da tat es einen furchtbaren Schlag, und es krachte gewaltig. Trotz der Kopfhörer, die ich über die Ohren gestülpt hatte, konnte ich das hören.

Abgeschossen! dachte ich und war mir nicht im klaren, ob ich nun aussteigen oder abwarten sollte. Beißender Rauch stieg von unten zu mir herauf.

Ich blickte aus dem Turm und sah rechts oben am Hang zwischen einigen Häusern einen Kanonenwagen vom Typ „M 2" stehen. Das war ein Fahrzeug mit vier Rädern und einer Zweizentimeter-Kanone. Es sah ähnlich aus wie der kleine deutsche Panzerspähwagen. Schnell rutschte ich wieder in den Sitz zurück und schwenkte den Turm nach rechts.

Noch funktioniert ja alles, dachte ich; denn auch die Kanone ließ sich bewegen. Dann hatte ich den Ami-Wagen im Visier. Da aber blitzte es bei ihm schon auf. Reflexartig löste ich meinen Schuß aus, als es erneut einen heftigen Knall am Panzer gab. Unser Sherman ruckte, als wollte er anfahren, konnte aber nicht, weil der Motor „bockte".

„Was ist passiert?" rief ich fragend ins Mikrofon. Aber weder Ashburn noch Crouse antworteten.

Ich spähte nach hinten über den Turmrand und sah, daß Finchs Tanker lichterloh brannte. Clarke versuchte heranzukommen, um den Kameraden aus dem brennenden Führerhaus zu holen. Um ihm Feuerschutz zu geben, griff ich zum Maschinengewehr des Panzers, richtete es gegen den Kanonenwagen und gab Dauerfeuer, bis kein Schuß mehr im Gurt war. Die Leuchtspur zeigte an, daß die Treffer gut lagen.

Rechts neben mir schlugen plötzlich Flammen hoch. Jemand zog mich am Ärmel, und als ich mich zur Seite drehte, sah ich in das rußgeschwärzte Gesicht von Clarke, der auf dem Sherman stand und mir zuschrie:

„Hau ab, Junge, der Panzer brennt!"

Ich schnappte meinen Stahlhelm, kletterte aus dem Turm, rutschte an der Seite hinunter und stieg in den Jeep.

„Wo sind Ashburn und Crouse?"

Die lagen beide tot im Graben neben der Straße und brannten. Langsam fuhr Clarke an und versuchte, an den ausbrennenden Fahrzeugen vorbeizukommen. Dann wurden wir von Maschinenwaffen beschossen. Im Aufschreien gab Clarke Vollgas, und wir rasten aus Commanster hinaus.

Zu zweit

Nach einiger Zeit bogen wir nach links auf einen Weg ab, der in den Wald führte. Hinter uns stiegen vier schwarze Rauchsäulen steil empor.

„Finch war nicht mehr zu retten!" sagte Clarke auf einmal ganz unvermittelt, als wir in dichten Tannenwald kamen. Bald blieben wir auf einem schmalen Forstweg stehen und stellten den Motor ab. Mit schmerzverzerrtem Gesicht saß Clarke hinter dem Steuer des Jeeps. Ich stieg aus, ging vorne um das Fahrzeug herum auf die andere Seite und fragte ihn:

„Was ist? – Laß mich mal nachschaun."

Und mich mit meinem deutschen Namen anredend, sagte unser Kommandoführer:

„Ich glaub', Rudi, mich hat's arg erwischt!"

Ich half ihm beim Aussteigen und führte ihn vor den Jeep, wo er sich an die Motorhaube anlehnte. Dann holte ich die große Sanitätstasche und öffnete sie. Clarke meinte, sein Bauch brenne wie Feuer, und auch der rechte Arm und das Bein schmerzten gewaltig.

Vorsichtig zog ich ihm den dicken Wollmantel und die

Uniformjacke aus. Auf dem Handrücken lief ihm das Blut herunter. Als ich den Ärmel des Hemdes hochschob, sah ich einen Durchschuß zwischen Elle und Speiche. Nachdem der Arm verbunden war, meinte er, irgend etwas müsse auch mit seinem Bauch los sein. Er öffnete den Gürtel seiner Hose, und als ich sein Hemd zur Seite raffte, war in Höhe des rechten Oberschenkels, kurz vor dem Hüftgelenk, eine große Fleischwunde. Von einer Seite zur anderen lief über den Unterleib eine breite Schußspur, aus der es stark blutete. Mit dem Wundpuder, in dem auch ein blutstillendes Mittel enthalten war, bestäubte ich die Bauchwunde. Dann legte ich mehrere Streifen um seinen Körper und machte diese mit Leukoplast fest, damit der Verband nicht verrutschen konnte. Dann gab ich ihm eine Morphiumspritze, um den Wundschmerz zu verringern. So gut es ging, zog ich ihn wieder an. Behutsam setzte er sich dann auf die Seiltrommel, die vor der Stoßstange des Jeeps angebracht war. Laut klapperte er mit den Zähnen, und für mich war klar, daß er stark unter dem Schock der Verwundung stand. Aus diesem Grund gab ich ihm eine von den Tabletten, die mir der Arzt vor Antritt unseres Kommandos für besondere Fälle gegeben hatte.

Neben einer Gruppe kleinerer Tannen richtete ich eine Lagerstatt ein. Mit Hilfe einer Trage, die zusammengelegt im Jeep war, bereitete ich für Clarke ein Liegebett. Mit einem Schlafsack deckte ich ihn zu. Seine Kartentasche, um die ich seinen Schal gewickelt hatte, legte ich ihm als Kissen unter den Kopf.

„Dank' dir, Rudi", sagte er mit schmerzverzerrtem Gesicht.

Ich war der Meinung, er müßte jetzt erst einmal schlafen; denn dann mußte er so schnell wie möglich zur deutschen Front, damit ihm ärztliche Hilfe zuteil werden konnte. Er nickte mit dem Kopf und schloß die Augen. Um mir einen Überblick zu verschaffen, unterzog ich den Jeep einer gründlichen Inspektion. Als ich am Reserverad stand, bemerkte ich, daß aus dem Ersatzkanister Benzin tropfte. Ein kleiner Splitter hatte ein Loch hineingeschlagen. Um den Rest des Inhalts zu retten, löste ich ihn aus der Halterung und goß noch etwa fünfzehn Liter in den Tank ein. Am Armaturenbrett zeigte nach eingeschalteter Zündung die Benzinuhr „voll" an. Das beruhigte mich sehr.

Dann begann ich damit, im Wagen selbst Ordnung zu machen. Zunächst räumte ich erst einmal alles raus und legte es auf den Waldboden. Als ich die hintere Sitzbank hochklappte, war meine Freude groß, denn in diesem Laderaum waren noch zwei Leuchtpistolen mit dazugehöriger Munition und mehrere gefüllte Magazine für die Maschinenpistolen. Dazu fand ich noch vier Eierhandgranaten. Im Seesack von McKensie waren, außer seiner Wäsche, noch Zigaretten und einige Tafeln Schokolade. Als ich alles gesichtet hatte, belud ich den Wagen wieder so, wie es mir am zweckmäßigsten erschien. Auf den Rücksitz, neben das leider unbrauchbare Funkgerät, legte ich McKensies schweren Seesack, oben darauf die große Verbandstasche, die ich mit einem Riemen am Holm des Verdecks anband, damit sie uns nicht während der Fahrt verlorengehen konnte. Die kleine Bazooka mit fünf Schuß stellte ich hinter den Fahrersitz. Eine Maschinenpistole schob ich zwischen die linke Wand und den Platz, auf dem ich sitzen würde.

Für die beiden MPi waren noch sieben gefüllte Magazine vorhanden. Zwei Kisten Munition für das sMG verstaute ich hinten im Jeep auf dem Boden vor den Sitzen. Das schwere Maschinengewehr unterzog ich einer besonderen Visitation. Ich lud es durch und entsicherte es. Als ich auf meine Armbanduhr blickte, war es 13.00 Uhr.

Weil ich Clarke noch schlafen lassen wollte, nahm ich mir die Karte vor und begann mit ihrem Studium. Zunächst suchte ich den Ort Commanster und verfolgte dann genau den Weg, den wir seither zurückgelegt hatten. Bald war es mir möglich, meinen Standort festzulegen. Wir befanden uns in dem Waldgebiet westlich des Dorfes Weisten. Anhand der in der Karte eingezeichneten Departementsgrenzen stellte ich fest, daß wir uns bereits im deutschsprachigen Teil des Gebietes befanden, das zu Malmedy gehörte. Das erleichterte mich sehr. Ich war der festen Überzeugung, bald die deutschen Frontlinien erreichen und meinen verletzten Kommandoführer in ärztliche Obhut übergeben zu können.

Aus der Ferne war deutlich das Wummern der Front zu hören. In Abständen war sogar das Feuern der Maschinenwaffen auszumachen. Besonders klar erkannte man die schnelle Schußfolge des deutschen MG 42 im Gegensatz zu der des schweren amerikanischen Thompson-Gewehrs. Die Front konnte also nicht allzuweit sein.

Über diese Überlegungen war aber erst eine Stunde vergangen. Ich ging zu Clarke und kniete mich neben ihn, um seinem Atem zu lauschen. Als ich ihm meine Hand auf die Stirn legte, öffnete er die Augen und sagte:

„Rudi Frühbeißer, wir beide werden es schon schaffen! Wir kommen bestimmt wieder zurück!"

Dann besprachen wir noch die Art, wie wir uns nun verhalten wollten. Auf jeden Fall sollte ich versuchen durchzukommen, falls seine Verwundungen ernsthafte Schwierigkeiten machen sollten. Er war der Meinung, daß ich auch gegebenenfalls allein in der Lage wäre, zu unseren Linien zu gelangen. „Ach was", antwortete ich, „das schaffen wir beide mit Leichtigkeit!" und ich hoffte das auch sehr. Trotzdem hatten seine Äußerungen mein Selbstvertrauen beträchtlich gestärkt.

Weil Clarke es wollte, gab ich ihm zu trinken. Aus der Feldflasche, die McKensie gehört hatte, gab ich ihm Kaffee mit viel Whisky. Über sein Befinden befragt, erklärte er mir, daß das Brennen im Bauch weg sei, es ihm jedoch so vorkomme, als wäre der Leib weit geöffnet.

Dann kamen wir auf unsere Versorgung zu sprechen, falls wir es in der kommenden Nacht noch nicht schaffen sollten; denn das Hauptproblem lag ja darin, durch die amerikanische Front zu kommen. Unser Bestand waren vier Tafeln Schokolade und der Kaffee in der Feldflasche. Eine Tafel aß Clarke dann in einem Durchgang auf. Ich konnte noch keinen Happen hinunterbringen. Er aber fühlte sich dann so gestärkt, daß er meinte, wir sollten nun versuchen weiterzukommen. Aber nur mit Mühe und Stöhnen kam er hoch und stützte sich schwer auf meine Schultern. Ich brachte ihn zum Jeep. Vorsichtig stieg er ein und nahm auf dem Beifahrersitz Platz. Anhand der Karte legten wir nun fest, wie wir zunächst fahren wollten. Die kürzeste Entfernung zur Front – also genau in Richtung Osten – führte zu dem ungefähr sieben Kilometer entfernten Städtchen Salmchâteau. Dort sollten aber, nach der letzten Meldung, die wir noch erhalten hatten, schwere Kämpfe entbrannt sein. Es hatte also keinen Sinn, sich in einen solchen „Schlamassel" zu begeben. Deshalb schlug ich vor, auf der Forststraße weiter bis nach Neuville zu fahren.

Dort sollten wir dann weitersehen. Ich war bestrebt, so schnell wie möglich den Frontdurchbruch zu schaffen, bevor Clarke noch unbeweglicher würde.

Er schien Ähnliches gedacht zu haben; denn er nahm aus seiner Kartentasche einen größeren gelblichen Briefumschlag, auf dem in schwarzen Druckbuchstaben „American Forces" sowie das Wort „Message" stand. Darunter schrieb er mit der Hand:

„For Major Brown only!"

Diesen Umschlag übergab er mir und erklärte dazu, daß ich, falls etwas mit ihm passieren sollte und ich mich allein durchschlagen müßte, diesen Brief bei einer Kontrolle nur vorzuzeigen hätte. Alles andere müßte er dann meiner Findigkeit und meinem Glück überlassen.

„So", beschloß er das Gespräch, „jetzt fahren wir ab!"

Ich hängte mir die geladene Leuchtpistole um den Hals und stieg auf den Fahrersitz. Um Treibstoff zu sparen, schaltete ich den Allradantrieb aus. Solange die Straßenverhältnisse es zuließen, war er ja auch nicht nötig.

Wortlos fuhren wir etwa zwanzig Minuten, dann hörte es auf zu schneien. Auf der Straße tauchte eine Gestalt auf, die sich sogleich als amerikanischer Soldat ausmachen ließ.

„Was tun?" fragte ich Clarke.

„Einfach weiterfahren!" war seine knappe Antwort.

Doch dann sah das ganze wie eine Straßensperre aus. Langsam fuhr ich weiter. Mit der linken Hand griff ich aber schon zur Leuchtpistole und spannte mit dem Daumen den Hahn. Mit einer Hand am Steuer und der anderen an der Waffe fuhr ich auf den Posten zu, der uns ein Zeichen zum Anhalten gab. Jedoch kurz bevor wir ihn erreicht hatten, lehnte ich mich etwas nach links aus dem Jeep heraus, hob die Hand mit der Leuchtpistole und richtete sie auf den nur noch drei Meter entfernten Soldaten, der sein Gewehr in der Hand trug. – Ich drückte ab und gab gleichzeitig Vollgas. So raste ich an dem Posten vorbei, den die rote Magnesiumkugel in diesem Augenblick traf. Der Mann sackte zusammen, und trotz des lauten Motorengeräusches konnte ich den Schrei des brennenden Soldaten hören. Da aber zischten auch schon ganz knapp an meinem Gesicht hellrote Explosivgeschosse vorbei und zerschlugen die Windschutzscheibe. Ich rutschte etwas in den Sitz hinunter und machte mich so klein wie möglich, um so dem Feuer, das auf uns abgegeben wurde, zu entgehen. Doch da stieg mir beißender Qualm und der Gestank von Phosphor in die Nase. Auf meiner rechten Schulter brannten die Aufschläge. Ich faßte mit der linken Hand danach und prüfte, ob ich auch eine Verletzung erlitten hätte; aber es schmerzte nichts. Mit Vollgas brauste ich weiter, und der Jeep schlingerte im frisch gefallenen Schnee. Plötzlich schrie Clarke fürchterlich auf. Er schlug mit beiden Armen um sich und faßte dann vorne in den Haltegriff. Es war mir in diesem Augenblick unmöglich, den Blick von der Fahrbahn abzuwenden, um nach Clarke zu sehen. Er saß auch wieder ganz ruhig. Als wir genügend Abstand von der Sperre hatten, reckte ich mich wieder hoch und sah durch die völlig zerschossene Windschutzscheibe einige Häuser. Dann war da ganz plötzlich eine Straßeneinmündung. Mit zuviel Schwung konnte ich aber nicht in einem Zuge nach rechts einbiegen; denn die Abzweigung war zu spitz angelegt. Schlitternd hielt ich an und setzte erst ein Stück zurück, ehe ich wieder Fahrt aufnehmen konnte. Bei diesem Manöver sah ich auch nach rechts und bekam Clarke ins Blickfeld.

Um Gottes willen, wie schaute der denn aus?

In gleichmäßigen Abständen spritzte ihm Blut aus Mund und Nase gegen die Reste der Windschutzscheibe auf seiner Seite. Hinter einem Hügel, so daß die Hauptstraße nicht mehr zu sehen war und folglich auch wir nicht eingesehen werden konnten, hielt ich erst einmal an und lief auf Clarkes Seite. Sein Mantel war über und über rot vom Blut. Mit weit aufgerissenen Augen starrte er mich an, griff dann mit der rechten Hand zwischen die Revers seines Mantels und zog seine Brieftasche heraus. Die entglitt ihm jedoch sofort und fiel in den Schnee. Noch bevor ich sie aufheben konnte, erfaßte er mit beiden Händen eine Hand von mir und versuchte etwas zu sagen. Aber nur ein gurgelnder Laut kam aus seinem Mund. Da preßte er meine Hand, sein Körper bäumte sich auf, und ein dicker Strahl von Blut schwappte ihm aus dem Mund. Dann fiel ihm sein Kopf auf die Brust. Die Kraft seiner Hände ließ nach und gaben meine Hand frei. Langsam ließ ich seinen Oberkörper nach vorn beugen, bis sein Kopf auf dem unteren Rand der Windschutzscheibe auflag. Nun sah ich, daß die Rückseite seines Mantels rauchte, und aus mehreren Löchern lief Blut, vermischt mit brennendem Phosphor.

Ich war nicht imstande, mich zu konzentrieren oder auch nur einen Gedanken zu Ende zu bringen.

Was sollte ich jetzt tun?

Erst Minuten später wurde mir klar, in welch aussichtsloser Lage ich mich befand.

„Clarke", flüsterte ich, „das darf doch nicht sein – ohne dich bin ich doch verloren!"

Da fiel mein Blick auf die im Schnee liegende Brieftasche. Ich hob sie auf und sah hinein. Zuerst fand ich ein Soldbuch der deutschen Luftwaffe. Ich blätterte es auf. Die erste Seite begann:

Oberleutnant
Ehrenreich Freiherr Wilfried von Helmstorff
zu Bennigenburg ...

Deshalb also hatte unsere Kommandogruppe den Namen „Ehrenreich" geführt. Aus der letzten Eintragung ging hervor, daß mein toter Kamerad zum Fallschirmjäger-Armee-Kommando gehört hatte, bevor er unsere Einsatzgruppe übernahm. Er war in Ostpreußen, nahe der litauischen Grenze beheimatet. – Immer wieder mußte ich den Toten ansehen, und es wollte mir nicht in den Sinn, daß von ihm nun keine Befehle mehr kommen würden, die mir sagten, was zu tun sei.

Ich drückte seinen Oberkörper in den Sitz zurück und hakte den Türgurt so neben der Windschutzscheibe ein, daß er nicht seitlich herausfallen konnte. Mit einer Zeltbahn deckte ich meinen toten Kommandoführer zu.

Allein hinter der feindlichen Front

Immer mehr wurde mir die Aussichtslosigkeit meiner Lage bewußt. Mit meinen nicht überragenden englischen Sprachkenntnissen würde es mir kaum möglich sein, bei den amerikanischen Truppen etwas zu erreichen. Wenn mir nichts Besonderes einfiel oder mich ein unwahrscheinliches Glück treffen sollte, dann mußte ich zweifelsfrei „auflaufen".

Aus der Ferne hörte ich sehr deutlich die Frontgeräusche. Dann sah ich erst einmal nach, wieso eigentlich meine Uniform gebrannt hatte. Als ich den kurzen Tuchmantel ausgezogen hatte, entdeckte ich, daß er mehrere Durchschüsse hatte, deren Ränder verbrannt waren. Der versengte Stoff stank stark nach Phosphor. Dieses Zeug schien überhaupt ein „Lieblingsspielzeug" der Amerikaner zu sein.

Aber auch meine Uniformjacke war über der Schulter ziemlich zerschossen. Daß ich davon nicht verletzt worden war, lag daran, daß sich bei meinem Zusammenkauern die Uniform nach oben geschoben hatte, und die Schüsse, ohne mir Schaden zuzufügen, durch diesen Hohlraum gegangen waren.

Bevor ich mich nun erneut auf der Karte orientierte, horchte ich gespannt in den Wald; aber außer dem Wummern der Front war kein Geräusch wahrzunehmen, daß mir verdächtig oder gar gefährlich erschienen wäre. Mit aller Willenskraft konzentrierte ich mich dann auf die Karte. Ich mußte noch vor Einbruch der Dunkelheit nicht nur meinen eigenen Standort, sondern auch den einzuschlagenden Weg festgelegt haben. Zumindest mußte mir die Gegend von der Karte her vertraut sein, falls es anders kommen sollte, als ich es zunächst geplant hatte.

Mit dem Finger war ich jetzt in Commanster und fuhr dann von dort aus weiter bis zu dem Punkt, der unser letzter Standort nach dem Gefecht war. Weiter schob ich mit dem Zeigefinger über die eingezeichnete Straße, die wir dann gefahren waren. Ich fand auch die Stelle, an der wir einen alten Mann nach dem Weg gefragt hatten. In deutscher Sprache hatte er uns das Gehöft, das vor uns war, als Kretelz bezeichnet. Auf der Karte fuhr ich der Straße weiter nach bis durch den Wald, der hier als „Forêt du Grand Bois" benannt war. Dann waren wir auf der Forststraße über den Meisenberg durch den Wolkeshard und Streitwald in Richtung Norden gekommen. Kurz vor der Kreuzung von Poteau hatte es den „Zusammenstoß" mit dem Posten an der

Straßensperre gegeben, bei dem Clarke die tödlichen Treffer erhalten hatte. Dann war ich einige Zeit auf dieser Hauptstraße weitergefahren, bis ich in der scharfen Kurve nach rechts auf einen Waldweg gekommen war. – Aber diese Stelle konnte ich auf der Karte nicht wiederfinden. Hier fehlten Einzeichnungen, die mir hätten helfen können.

So faßte ich den Entschluß, so lange auf der Fahrspur des Jeeps zurückzulaufen, bis ich die Stelle erreicht hatte, an der ich von der Hauptstraße abgebogen war. Ich mußte es riskieren, diesen Weg zu gehen, um aus meiner aussichtslosen Situation zu kommen; denn der Karte nach konnte ich nicht erkennen, wohin der Weg, auf dem ich stand, führen würde. Also steckte ich mir die Karte zwischen die Revers, holte mir aus dem Jeep die Maschinenpistole mit noch drei Magazinen und hängte mir zwei Eierhandgranaten an den Gürtel.

So ging ich meiner Spur nach, auf der ich hergekommen war. Immer wieder blieb ich stehen und horchte in den Wald hinein. Nach einem Blick auf meine Armbanduhr wußte ich, daß ich inzwischen eine Viertelstunde gelaufen war, als ich Fahrgeräusche vernahm. Darauf ging ich zu. Dann sah ich durch die Bäume – in etwa vierzig Metern Entfernung – Wagen vorbeifahren. Vorsichtig lief ich von Baum zu Baum. Bald hatte ich die Stelle erreicht, an der ich immer noch deutlich meine Wendespur erkennen konnte, die ich bei der Abfahrt von der Hauptstraße hinterlassen hatte. Selbst mehrere große Blutspritzer waren im Schnee sichtbar.

Ich kehrte um, und nach einer halben Stunde konnte ich den abgestellten Jeep zwischen den Bäumen wieder ausmachen. Nun fand ich auch auf der Karte meinen Standort. Die Gegend nannte sich „In den Hecken", und von einer Waldschneise aus sah ich sogar das einzelne Haus, an dem wir den alten Mann angetroffen hatten. Im Grunde waren wir also gar nicht weit gekommen. Sozusagen nur „Bogenfahrerei". Nun mußte ich versuchen, nach „Schlommerfurt" zu kommen. Das lag nach meiner Karteneinzeichnung schon unmittelbar an der – jedenfalls damaligen – HKL. Und dann hatte ich auch schon den Punkt meiner vorgesehenen Frontdurchschleusung – wenigstens auf der Karte – gefunden: Die Höhe 515, den Wald bei Recht und die Straße N 23, die von St. Vith nach Ligneuville und Malmedy führte. – Das war auch genau die Richtung, aus der die starken Geräusche der Front zu vernehmen waren. Dahin hatte ich mich also durchzuschlagen.

Aber noch hatte ich meinen toten Kameraden. Im Wald wollte ich ihn nicht einfach so verscharren, und so faßte ich den Entschluß, ihn in einer Kirche abzulegen. Noch einmal studierte ich die Karte und fand den Ort wieder, den wir am 17. Dezember nach unserer Frontdurchschleusung in Richtung Westen als ersten durchfahren hatten. Dort war eine Kirche.

Nach Beginn der Dämmerung fuhr ich mit dem Jeep ab. Bald war es zu dunkel, und ich schaltete die Scheinwerfer ein. Kurz darauf tauchten vor mir einige Häuser auf. Der Karte nach mußten es die von Oberst-Crombach sein. Dann kamen die zerstörten Gebäude von Hinderhausen. Kein Soldat, kein Fahrzeug war zu sehen. Ich fuhr nur sehr langsam, als ich im Scheinwerferlicht das Ortsschild „Crombach" las. Auch hier sah ich keinen amerikanischen Soldaten. Immer noch fuhr ich langsam die Hauptstraße hinunter. Beiderseits standen zerstörte Häuser. Dann tauchte die Kirche auf. Sie war ebenfalls zerschossen. Ich bog rechts ab und fuhr auf einen Hof. Sofort stellte ich den Motor ab. Das

Gebäude im Hintergrund mußte das Pfarrhaus sein. Nichts war zu hören, nur die nahen Frontgeräusche erinnerten immer daran, in welcher Gegend ich mich befand. Es begann wieder zu schneien. Vorsichtig ging ich in die Kirche hinein. Drinnen schaltete ich meine amerikanische Taschenlampe an. In ihrem Lichtschein konnte ich erkennen, daß ein Teil des Daches heruntergekommen war. Auf den Bänken lag Trümmerschutt, und der Altar war beschädigt. Das Kreuz mit der Jesus-Figur lag davor auf den Steintrümmern. Ich stellte meine Lampe hin und räumte einige größere Steinbrocken auf die Seite, um so vor dem Altar etwas Platz zu schaffen. Ich glaubte, genügend Zeit zu haben, um hier eine würdige Aufbahrung bewerkstelligen zu können.

Es kostete mich allergrößte Kraftanstrengung, meinen toten Kameraden aus dem Jeep zu holen. Rückwärts schleifte ich ihn über den Schnee in die Kirche. Vor dem Altar legte ich ihn auf dem Boden ab. Als ich dann mit der Lampe die Wände ableuchtete, fiel mir eine kleine Tür auf. Sie führte mich in die Sakristei. Die Schranktüren waren aufgerissen, Chorröcke und Meßgewänder lagen auf dem Fußboden. Als ich eine Schublade aufzog, fand ich darin einige Kommunionskerzen, an denen sich noch Teile des verwendeten Schmucks befanden. In einer anderen Lade war das Kirchenbuch. Vorsichtig riß ich eine unbeschriebene Seite heraus. Mit einem roten Farbstift schrieb ich in großen Buchstaben darauf:

Ich bin der deutsche Fallschirmjäger-Oberleutnant
Ehrenreich Freiherr von Helmstorff zu Bennigenburg.
Meine Kommandogruppe, die seit dem
17. Dezember 1944 hinter den amerikanischen
Linien eingesetzt war, wurde bis auf einen Mann
vernichtet. Dieser hat mich in diese Kirche gebracht!

Dieses Blatt legte ich dem toten Kommandoführer auf die Brust. Dann zog ich ihm die Erkennungsmarke über den Kopf und band sie mit der Schnur so um seine Hände, daß die Marke der deutschen Fallschirmtruppe obenauf zu liegen kam. Mit dem Altartuch deckte ich den Kameraden zu. Anschließend zündete ich die Kerzen an, so daß sich im Innenraum der Kirche ein milder Lichtschein verbreitete. Ich setzte mich auf eine Bank und blickte lange Zeit auf den vor mir liegenden Toten. Dabei mußte ich vor Erschöpfung eingeschlafen sein. Erst durch lauten Motorenlärm schreckte ich auf. Dann blieb ich aber doch sitzen und machte mich auf alles gefaßt. – Was konnte mir schon noch passieren? Als letzten Ausweg hätte ich – bevor mich die Amerikaner erschießen würden – noch meine und auch Clarkes Giftkapsel nehmen können. – Das Licht der vorbeifahrenden Autos huschte an den Wänden des Kirchenschiffs entlang.

Endlich stand ich auf; denn ich wollte mich noch in dieser Nacht zur deutschen Frontlinie durchschlagen. Ohne den amerikanischen Stahlhelm blieb ich vor dem gefallenen Oberleutnant stehen, grüßte ihn zum Abschied und verließ dann den Kirchenraum.

Noch immer schneite es ganz sacht. Auf einmal verspürte ich großen Hunger und auch Durst. Ich hatte ja noch drei Tafeln Schokolade, und in der Feldflasche mußte auch noch Kaffee mit Whisky sein. Im Nu hatte ich eine Tafel aufgegessen und einen tiefen Zug aus der Flasche genommen. Wieder näherte sich Motorengeräusch. Ich faßte nach meiner MPi und kniete mich neben den Jeep. Fünfzehn Meter vor mir fuhr ein Lastwagen vorbei, dann nach einem Abstand folgten noch weitere.

Im Licht der nachfolgenden Fahrzeuge konnte ich erkennen, daß es mit Soldaten voll besetzte Truppentransporter waren.

Die fahren bestimmt an die Front, dachte ich.

Dann stieg ich in meinen Jeep, startete und fuhr an der Kirche vorbei auf die Straße. Ich folgte den Spuren, die die Fahrzeuge vor mir soeben im Schnee hinterlassen hatten. Langsam fuhr ich mit Scheinwerferlicht aus Crombach hinaus und hatte bald die Bahnlinie erreicht, die nach St. Vith führt. Deutlich war vor mir der silberne Streifen am Himmel zu sehen, der die Front markierte.

Vor mir tauchte plötzlich ein Haus auf. Ich bog von der Straße ab und hielt daneben an. Fußspuren waren nicht zu sehen. Hier war seit langer Zeit kein Mensch mehr gegangen. Ich nahm die MPi mit und trat durch die Haustür ein. Im Lichtschein meiner Lampe sah ich auf einem Tisch mehrere Kartons stehen. Es war Verpflegung: Corned Beaf, Käse mit Schinken, Kekse und mehrere Stangen Tagesrationen. Auch zwei Flaschen Whisky standen dabei, doch den ließ ich unberührt. Eine Büchse Corned Beaf verzehrte ich auf einmal. Für mich stand fest, daß ich die anderen Eßsachen mitnehmen würde. Wer weiß, wann ich wieder etwas finden sollte. Also packte ich alles in eine Schachtel und trug es zum Jeep.

Dabei sah ich mich im Hof um. In einer Ecke waren Hühner eingesperrt. Ich öffnete den Käfig. Und als ich die Hühner so betrachtete, fiel mir die „Maskerade" ein, die unser Feldwebel Boller mit uns veranstaltet hatte. Ich griff mir ein Huhn, das geblendet keinen Ton von sich gab. Im Haus setzte ich es auf den Tisch und stülpte den Ami-Stahlhelm darüber. Dann holte ich die Sanitätstasche herein.

Fachgerecht – ohne hier die Einzelheiten schildern zu wollen – wurde das arme Vieh geköpft. Über dem Ausguß war ein Spiegel, vor dem ich mir dann den Hals und das Kinn bis zur Nase verband. Danach wickelte ich das kleine Herz und die Lunge des Huhns vor meinen Mund und befestigte das noch blutende Fleisch auf dem Mull. Viel Blut, das ich aus dem Schlund herausdrückte, ließ ich auf meinen Gesichtsverband laufen, so daß mir auch die Revers meines Mantels rot verfärbten. Als ich mich dann selbst wieder im Spiegel erblickte, erschrak ich vor meinem eigenen Aussehen. Fast fluchtartig verließ ich das Haus.

Da rieb ich mir erst einmal mit Schnee die blutverschmierten Hände ab und setzte mich in den Jeep. Erschreckt erinnerte ich mich da an den Briefumschlag, den mir Ehrenreich gegeben hatte. Wo war denn der geblieben? Aber ich fand ihn und steckte ihn mir griffbereit in den Mantel.

Die geladene Leuchtpistole lag auf meinem Schoß. So fuhr ich auf dieser Straße weiter. Dann kamen mir Fahrzeuge mit Licht entgegen. Als ich eine Straßenkreuzung passieren wollte, sprang ein Soldat auf die Fahrbahn und gab mir ein Zeichen anzuhalten.

Jetzt ist es aus, dachte ich; denn kaum zwanzig Meter entfernt stand noch eine ganze Gruppe Soldaten. Der Posten kam heran und leuchtete mich mit seiner Taschenlampe an.

„Sir", sagte er erschrocken, „Sie hat es aber schwer erwischt – Moment, ich rufe einen Sanitäter!"

Ich winkte ab und zeigte ihm den Briefumschlag, den er auch ableuchtete. Dann nickte er mit dem Kopf und meinte, der bezeichnete Offizier müsse sich irgendwo im Ort befinden. Ich sollte dort noch einmal nachfragen. So war ich zunächst wieder „gerettet".

Ich dachte: Ihr blöden Amis fallt doch auch auf jeden Dreck 'rein.

Als ich in den Ort kam, hoffte ich, daß es Roth wäre. Überall standen Panzer und andere Fahrzeuge. Da wurde ich schon wieder von einem Posten angehalten: „Du dummer Hund!" brüllte er mich an, „mach deine Scheinwerfer aus! Da oben am Berg liegen die verfluchten Deutschen!" Voll blendete er mich mit seiner Taschenlampe. Als das Licht aber auf der Vorderseite meines Stahlhelms die Rangabzeichen eines First-Lieutenants traf, entschuldigte er sich sofort. Und als er dann noch meinen Gesichtsverband sah, schüttelte auch er den Kopf und meinte, daß es mich aber arg erwischt haben müsse. Ich zeigte ihm jedoch meinen Briefumschlag, auf dem in großen Buchstaben „Message" stand. Verständnisvoll nickte er und meinte, daß Major Brown „irgendwo da oben am Waldrand" liegen müsse. – Ich durfte weiter.

Nachdem ich die letzten Häuser und auch die Kirche hinter mir hatte, ging die Straße bergan. Bald hatte ich die mir beschriebene Kreuzung erreicht. Ich bog links ab und fuhr auf einer Straße, die am Walde entlang verlief. Zur anderen Seite, auf der offenen Schneefläche, bewegten sich viele Soldaten.

Hoffentlich hält mich nun keiner mehr an, dachte ich, sonst kennt mich bald die ganze US-Army.

Wieder tauchten vor mir Häuser auf. Die hatte ich hier nicht erwartet. Ein ungutes Gefühl beschlich mich. Mir war auf einmal, als wäre ich „im Kreise" gefahren. Ich hielt an, nahm die Karte und suchte bei abgedunkelter Taschenlampe den Ort Roth, den ich ja vor wenigen Minuten erst durchfahren hatte. Tatsächlich! Wenn ich weiter auf dieser Straße bliebe, führe ich wieder nach Roth hinein. Vielleicht sogar noch wieder dahin, wo ich von dem Posten aufgehalten worden war. Dann also lieber den gleichen Weg ein Stück zurück.

Langsam fuhr ich den Berg nun hinab, den ich vor kurzem gekommen war. Wieder tauchte die Kirche von Roth auf. Aber gleich dahinter bog ich links ein. Dabei kam ich nur knapp an einem abgestellten Panzer vorbei.

„Die Blödmänner lassen auch alles einfach so herumstehen!" brummelte ich vor mich hin. Mit etwas mehr Gas versuchte ich nun die verlorene Zeit wieder einzuholen. Durch offenes hügeliges Gelände fuhr ich weiter.

Der siebente Tag im amerikanischen Hinterland
(23. Dezember 1944)

Der Durchbruch

Plötzlich begann der Jeep einige Male zu „stottern". Dann blieb er stehen. Ich sah auf die Benzinuhr: Zeiger auf Null – kein Sprit mehr! Meine Überlegung, nach Roth zurückzulaufen, um mir von irgendeinem Fahrzeug einen Kanister zu klauen, endete mit der Erkenntnis, daß erstens das Risiko viel zu groß wäre, denn im Ort befanden sich starke Truppenansammlungen; und zweitens war der Weg hin und zurück etwa genauso weit, als ginge ich gleich zu Fuß weiter. Das letzte Stück hätte ich ohnehin nicht mehr fahren können. So entschied ich mich, den Jeep stehen zu lassen. Das war der Abschied vom letzten unserer Fahrzeuge.

Ich hängte mir die Sanitätstasche um und steckte mir fünf volle Magazine für die Maschinenpistole in die Manteltaschen. Auch für die große Pistole, die ich Clarke abgenommen hatte, nahm ich noch Ersatzmunition mit und befestigte sie an meinem Gürtel. Nun hatte ich 270 Schuß für die MPi und 30 Patronen für die Pistole. Dazu kamen noch vier Eierhandgranaten und fünf Schuß Leuchtmunition. In die Brusttasche steckte ich mir die beiden letzten „Lewisbomben".

Weil ich mich nicht auch noch mit Verpflegung abschleppen konnte und wollte, machte ich erst noch einmal eine große Mahlzeit und aß drei Fleischdosen leer. Satt und schwer beladen machte ich mich dann auf den Weg. Ich kam an ein Haus. Vorsichtig ging ich darauf zu. Dann trat ich ein, als es unbewohnt schien. Es war auch zu stark beschädigt, als daß da noch jemand hätte hausen können, der „etwas auf sich hielt".

Meiner Karte nach mußte vor mir das Dorf Hundsheim liegen. Zwei Kilometer weiter begann der Sankt Vither Wald. Von seinem Rand aus waren es bis zur Stadt noch weitere drei Kilometer in der Luftlinie. Aber die Wegstrecke war weiter, und außerdem lag dazwischen noch die HKL. Dennoch glaubte ich, daß mir der Teufel im Schnee begegnen müßte, wenn ich das nicht schaffen würde. Auf keinen Fall durfte ich jetzt – in Anbetracht des nahen Zieles – leichtsinnig werden. Immer wieder sagte ich mir, daß ich unbedingt die deutschen Linien erreichen müßte; denn ich war ja der letzte Überlebende unseres Kommando-Unternehmens. – Wer, wenn nicht ich, sollte sonst im Schloß „M" einen Bericht abgeben?

Ich durchsuchte das Haus und fand in einem Schrank ein Bettuch. In die Mitte schnitt ich ein Loch. Dann zog ich mir das Laken über den Kopf und „verzierte" auch meinen Helm mit einem weißen Lappen. So wollte ich wenigstens auf dem Schneefeld getarnt sein und glaubte, mich so besser und ungesehen bewegen zu können. Derart ausgestattet verließ ich das Haus, orientierte mich auf dem Kompaß und legte meine Marschrichtung fest. Dann stapfte ich durch den tiefen Schnee — immer „der Nase nach".

Zwischendurch blieb ich immer wieder stehen, blickte auf den Armkompaß und suchte mir – so gut es bei der Dunkelheit möglich war – ein Hilfsziel aus, das ich anlaufen konnte. Bald tauchten mehrere Häuser auf.

Das muß Hundsheim sein, dachte ich. Das Dorf werde ich lieber nicht „besuchen", sondern in einem Bogen daran vorbeiziehen. Wieder blieb ich stehen und horchte in die Nacht. Dann war da eine Baumgruppe, auf die ich zulief. Einen Augenblick verweilte ich dort. In größerer Entfernung konnte ich eine bewaldete Anhöhe ausmachen. Auf ihre linke Spitze ging ich dann zu.

Links von mir – also in nördlicher Richtung – ging eine weiße Leuchtkugel hoch. Sicher hatte irgendein Posten etwas Verdächtiges in seinem Vorfeld gesehen. Langsam stieg ich die Anhöhe hinauf und kam unter Einlegung einiger Verschnaufpausen an den Waldrand. An einem Baum blieb ich wieder stehen und zog den vorderen Teil meines Bettuches hoch. Ich schob diese Zipfel zwischen die Mantelknöpfe; denn ich mußte die Hände frei haben und konnte nicht immer die baumelnden Enden zwischen den Beinen wegziehen. Schritt vor Schritt setzend ging ich in den Wald. Hier lag überhaupt kein Schnee mehr. Nun mußte ich schleichen und hoffte dabei, auf keinen Ast oder irgendein anderes herumliegendes Zeug zu treten. Das fehlte mir gerade noch!

Wieder verhielt ich und starrte auf den Kompaß, dessen phosphorisierende Gradeinteilung mir hellgrün entgegenleuchtete. Dann wurde es heller, vor mir tauchte eine schimmernde Schneefläche auf. Aber zunächst blieb ich noch einige Minuten am Waldrand stehen, um mich erneut zu orientieren. Gegenüber konnte ich wieder

Wald erkennen. Ich zog das Bettuch aus dem Mantel und trat vorsichtig hinaus auf das Schneefeld. Es kostete mich sehr viel Kraft; denn hier war der Schnee sehr tief. Das behinderte mich erheblich. Aber dann hatte ich auch diesen neuen Waldrand erreicht. Wieder ging es von Baum zu Baum weiter. Als ich wieder einmal stehenblieb, um auf die Uhr zu sehen, war ich bereits eine halbe Stunde durch diesen Wald gelaufen. Wieder horchte ich. Aber nichts, das in der Nähe Verdächtiges erkennen ließ. Nur entferntes Artilleriefeuer war zu hören.

Auf einmal war mir, als sähe ich das hellrote Aufglimmen einer Zigarette. – War es Freund oder Feind? – Längere Zeit blieb ich an einen Baumstamm angelehnt stehen. Dann konnte ich ganz laut und deutlich verschiedene englischsprechende Stimmen hören.

Die Amis sind doch total verrückt, dachte ich, was haben die Brüder, die staubigen, eigentlich während ihrer Ausbildung gelernt? Auf Horchposten so laute Gespräche wie auf der Promenade?

Dann überlegte ich, auf welcher Seite ich am besten an diesen amerikanischen „Landsleuten" vorbeikäme. Mit einem Blick über die Kompaßrose merkte ich mir, in welche Richtung ich weitergehen wollte. Vorsichtig tappte ich voran, die Maschinenpistole in Vorhalte. Hin und wieder horchte ich, ob sich nicht wieder englische Stimmen vernehmen ließen. Dann war wenige Meter vor mir der Wald zu Ende. Ich verhielt wieder und überlegte, ob ich mich hier schon auf die freie Fläche hinauswagen sollte. Da stieg mir der süßliche Duft von amerikanischem Pfeifentabak in die Nase. Ich schnupperte.

Ohne Bewegung verharrte ich und versuchte, den Pfeifenraucher aufzuspüren. Dem Geruch nach hatte ich die

Richtung. Vorsichtig, Fuß vor Fuß setzend, schlich ich im Wald weiter. Keinesfalls wollte ich auf einen auf dem Waldboden liegenden Amerikaner treten. Der Geruch des Tabaks wurde immer stärker. Dann hatte ich den „Sünder" ausfindig gemacht. Deutlich konnte ich seine Umrisse erkennen. Der Mann saß mit dem Rücken zu mir neben einem auf einem Dreibein montierten Maschinengewehr. Es sah aus, als hocke er auf einer Kiste, jedenfalls schien es vor dem Hintergrund des Schneefeldes so zu sein.

Mir war klar, daß das hier ein amerikanischer Vorposten war. Es stand also für mich fest, daß es jetzt nur noch wenige hundert Meter bis zur deutschen Frontlinie sein konnten. Da wurde vor mir eine weiße Leuchtkugel in den Nachthimmel geschossen. Durch die Bäume konnte ich auf der weißen Fläche dunkle Gestalten liegen sehen.

Sollten das Gefallene sein, fragte ich mich. Wer läßt denn die da zurück?

Bevor aber die Magnesiumkugel im Schnee erlosch, konnte ich in zehn Metern Entfernung, neben einem dicken Baumstamm, das vorher schon entdeckte Maschinengewehr auf dem Dreibein genau erkennen. Daneben saßen allerdings zwei Soldaten. Dann war die Magnesiumkugel erloschen.

Wenn ich hier durch wollte, mußte ich erst dieses MG ausschalten, damit es nicht hinter mir herschießen könnte, wenn ich die Schneefläche überquerte und man mich dabei entdecken sollte. Also war mein Entschluß gefaßt, diese MG-Bedienung mußte von der Seite mit einem Schuß aus der Leuchtpistole erledigt werden. Vorsichtig öffnete ich die Pistole, um die geladene weiße Signalpatrone aus dem Lauf zu nehmen. Dafür kam eine rote, die ich aus meiner linken Brusttasche holte, hinein. Ohne das geringste Geräusch gelang es, die Leuchtpistole wieder zu schließen. Für gewöhnlich rastete sie sehr hörbar ein. Dann hob ich meine MPi vom Waldboden auf und hängte sie mir mit dem Trageriemen über. Mit den Zähnen zog ich schon vorsorglich den Sicherungsstift aus einer Handgranate. Schrittweise schlich ich auf die beiden Amis zu, bis ich fünf Meter seitlich von ihnen war. Ich öffnete die rechte Hand, gab so den Sicherungsbügel zur Zündung der Handgranate frei und wartete noch zwei Sekunden – dann warf ich die Eiergranate in einem Bogen gegen das MG. Gleichzeitig schoß ich die Leuchtpistole auf die Bedienung ab. Noch bevor ich hinter dem Baum war, um Deckung zu suchen, pfiffen die Splitter auch schon an mir vorbei. Da spurtete ich gleich los und war mit wenigen Sprüngen am Waldrand. Rechts neben mir leuchtete das rote Magnesium grell auf, und im Vorbeilaufen konnte ich erkennen, daß die beiden Soldaten mitsamt ihren Utensilien brannten.

Beim Lauf über die weiße Fläche sackte ich immer wieder in den tiefen Schnee ein. Immerzu wartete ich darauf, daß nun von irgendeiner Seite das Feuer eröffnet würde; aber nichts geschah. So stolperte ich weiter, bis ich die Gefallenen erreicht hatte. Erkennen konnte ich jedoch nicht, zu welcher Seite der Front sie gehörten.

Dann sah ich eine größere Baumgruppe. Auf sie lief ich zu. Es schien mir ewig, bis ich sie erreichte; aber dann hockte ich mich keuchend zwischen den Bäumen nieder und blickte um mich. Niemand war auf der Schneefläche zu sehen. Nur der Brand am Waldrand beleuchtete gespenstisch, aber schwach das Gelände. Auf was warteten denn alle?

Sicherheitshalber lud ich die Leuchtpistole nach, diesmal aber eine weiße Patrone. Ungefähr zweihundert Meter nach Osten konnte ich wieder das Dunkel eines Waldes erkennen.

Den muß ich erreichen, war mein einziger Gedanke. Dann kamen mir Bedenken: Hoffentlich macht die amerikanische Front hier keinen Bogen, und ich laufe ihnen dann genau „vors Messer".

Bevor ich weiterschlich, schaute ich auf die Uhr. Es war 02.45 Uhr. In gebückter Haltung kroch ich mehr, als daß ich ging. Die MPi hatte ich in die rechte Hüfte gedrückt, den Finger am Abzug, und in der linken Hand hielt ich krampfhaft die Leuchtpistole. Für mich stand fest, sobald sich etwas zeigen sollte, das mir nicht klar als Freund erschien, würde ich sofort wieder mit der Leuchtpistole schießen. Immer wieder blieb ich im Schnee hocken, spähte und lauschte in die Nacht. Pfeifend ging mein Atem, behindert durch den „Tarnverband".

Dann entpuppte sich der vermeintliche Wald als eine größere Hecke. Ich lief darauf zu. An ihrer Oberseite war sie ganz mit Schnee bedeckt. Hier blieb ich erst einmal wieder sitzen. Da schoß in fünfzig Metern Entfernung fauchend eine Leuchtrakete in die Luft. Als sie platzte, schwebte eine weiße Kugel an einem Fallschirm zur Erde. Geblendet von dem grellen Licht konnte ich die Machart des Schirmchens nicht erkennen. So wußte ich immer noch nicht, ob die Rakete von einem deutschen oder einem amerikanischen Soldaten abgeschossen worden war. Also mußte ich jetzt alles riskieren; nun war es mir gleich, ob ich auf einen deutschen oder amerikanischen Vorposten stoßen würde. Ich kroch über die Schneefläche weiter, blieb aber in kurzen Abständen immer wieder liegen und horchte.

Zehn Meter vor den ersten Tannen hörte ich dann: „Du, da vorne im Schnee hat sich was bewegt!" Wegen dieser deutschen Wörter erschrak ich so heftig, daß ich einfach in den Schnee zurücksackte.

Sollte das denn wahr sein, fragte ich mich und überlegte, ob es keine Falle wäre; denn ich wußte, daß viele deutschsprechende Amerikaner unseren Soldaten damit manch eine Falle gestellt hatten. Aber antworten konnte ich sowieso nicht; denn noch hatte ich ja den Verband über dem Gesicht. Ich zerrte daran, bis wenigstens der Mund frei war. Dabei war ich im Schnee liegengeblieben und hatte immerzu auf die Baumgruppe vor mir gestarrt. Da zischte erneut eine Leuchtkugel hoch.

Jetzt interessierte ich mich weniger für den Leuchtschirm, als vielmehr dafür, welche Art Soldaten da vor mir in ihren Stellungen lagen. Ich blickte also stur geradeaus, und da war es mir, als trüge der Mann, der neben einem Busch lag, einen normalen deutschen Stahlhelm. Freude stieg in mir auf. Sollte das wahr sein? Ich wagte es kaum zu fassen!

Als die Leuchtrakete im Schnee verloschen war, schob ich mich noch etwas weiter vor und rief leise: „Hört mal her! Nicht schießen! Ich bin ein deutscher Fallschirmjäger!"

Gleichzeitig hoffte ich, daß bloß keiner von ihnen jetzt durchdrehte und ich noch in letzter Minute von den eigenen Leuten erschossen würde. Aber es knallte plötzlich aus der Richtung, aus der ich gerade gekommen war. Knapp zischten die hellroten Explosivgeschosse des amerikanischen MG über mich hinweg. Ich blieb liegen und hoffte, daß der eifrige Schütze bald eine Feuerpause machen müßte. Aber darauf mußte ich noch lange warten; er hatte offenbar einen neuen Gurt eingelegt, und den wollte er erst „verstreuen".

Als das MG-Feuer dann endlich verstummt war, sprang ich auf und rannte auf die Tannenbäume zu. Aber genau dahin knallten sie dann wieder ihre neue Serie mit Leuchtspurmunition. Gott sei Dank aber über ihr Ziel hinaus. Dann wurde es endlich ruhig. Da erhoben sich zwei Gestalten in Winterschutzbekleidung vor mir aus dem Schnee und kamen auf mich zu. Wiederum rief ich:

„Nicht schießen! Ich bin ein deutscher Fallschirmjäger!"

Einer rief mir zu:

„Hände hoch! – Langsam herkommen und keine ‚Zikken'machen!"

Vorsichtig erhob ich mich aus meiner Mulde, streckte die Hände seitlich hoch und ging auf die beiden zu.

„Mensch Kumpels", sagte ich noch einmal, „schießt nicht! Ich bin doch ein Fallschirmjäger aus Nürnberg!"

Dann hatte ich die beiden Soldaten erreicht:

„Bringt mich bitte sofort zu eurem Kompaniechef."

Mit erhobenen Händen lief ich vor beiden her auf den nächsten Waldrand zu. Aus dem Dunkel löste sich eine Gestalt. Dicht vor mir blieb sie stehen. Da erkannte ich, daß der Mann eine deutsche Offiziersmütze trug. Unmißverständlich setzte er mir seine Pistole auf die Brust und fragte:

„Wer sind Sie? – Woher kommen Sie?"

Ich antwortete:

„Ich bin der deutsche Fallschirmjäger-Gefreite Rudi Frühbeißer aus dem 9. Regiment und komme aus dem amerikanischen Hinterland!"

Ungläubig musterte mich mein Gegenüber:

„Das werden wir bald genau wissen", sagte er. „Los, gehen Sie weiter, wir gehen zum Kompaniegefechtsstand."

Nach wenigen Schritten hatten wir den schützenden

Waldrand erreicht, der mich zur amerikanischen Front hin abschirmte. Nun erst fühlte ich mich in Sicherheit. Ich bat meine Begleiter, mich etwas verschnaufen zu lassen. Ich war total fertig. – Dann ging's wieder weiter; immer bewacht von denen, die doch eigentlich meine Kameraden waren.

Das Wiederaufnahme-Verfahren

Nur eines begriff ich nicht: Niemand hatte mich bisher nach Waffen untersucht; immer noch trug ich die schwere Maschinenpistole am Riemen geschultert. – Dann ging es einen Hang hinab, und bald hatten wir eine schmale Straße erreicht. Auf der ging es weiter, bis wir an ein kleines Haus kamen. Ein Doppelposten ging dort auf und ab.

„Hier rein!" sagte der Offizier, der unterwegs kein sonstiges Wort gesprochen hatte. Man führte mich in ein Zimmer, das spärlich von einer Petroleumlampe erhellt wurde. An einem Tisch saß ein schon älterer Hauptmann. Beruhigt sagte ich:

„Gott sei Dank, jetzt hab' ich's geschafft!"

Der Hauptmann fragte:

„Was ist? Wen bringen Sie mir da, Leutnant Eßwein?"

„Herr Hauptmann, dieser Amerikaner behauptet, er sei ein Angehöriger des 9. Fallschirmjäger-Regiments."

Aber ehe ich dazu noch etwas sagen konnte, traten noch ein Hauptmann und ein Oberfähnrich ein. Beide trugen Petroleumlampen in den Händen. Der Hauptmann, der am Tisch gesessen hatte, erhob sich und sagte zu den Eintretenden:

„Was sollen wir mit dem Gefangenen machen? Er bleibt dabei, ein deutscher Fallschirmjäger zu sein." Der hinzugekommene Hauptmann, der offenbar der Kommandeur dieser Einheit war, ging an den Tisch, stellte seine Lampe ab und drehte sie erst einmal heller. Er wollte mich wohl besser betrachten können. Dann forderte er mich auf, Platz zu nehmen. Seine Fragen waren kurz und prägnant:

„Wie kommen Sie in die Uniform eines amerikanischen Offiziers?"

Doch als ihm mein blutiger Verband bewußt wurde, fragte er gleich weiter:

„Sind Sie schwer verwundet?"

Ich erklärte ihm, daß ich keine Verletzung hätte, sondern daß es sich nur um einen „Tarnverband" handele, damit ich bei den Amerikanern nicht deutlich zu sprechen brauchte. – Das Blut stamme übrigens von einem abgestochenen Huhn. Danach schilderte ich dem Hauptmann, der tatsächlich zur Zeit der Kommandeur des Grenadier-Bataillons 424 war, kurz und knapp von unserem Kommando-Unternehmen, das seit dem 17. Dezember im Rücken der Amerikaner abgelaufen war und dessen einziger Überlebender ich bin. Dabei hatte ich aus meiner Brusttasche die Unterlagen unseres Einsatz-Führers genommen, faltete sie auseinander und legte das Soldbuch meines Oberleutnants sowie mein eigenes auf den Tisch.

„Das läßt sich gleich aufklären", sagte der Hauptmann, der von dem Kommandeur mit „Dieter" angesprochen wurde. „Ich werde gleich einmal in Stadtkyll bei der Vernehmungsdienststelle ‚Kuchenbacker' anrufen."

„Ist das der Sonderführer Karl Kuchenbacker, der im Hotel ‚Masson' seine Dienststelle hat?" fragte ich dazwischen. Gleichzeitig gab ich zu verstehen, daß dieser

Sonderführer mich ohne Schwierigkeit identifizieren könne. – Dann wurde telefoniert. Es dauerte eine Weile, bis die Verbindung stand.

Nach einigen Fragen, die der Kommandeur an den Sonderführer Kuchenbacker richtete, fragte er mich: „Sagen Sie mal, wer ist Lothar Birkner?"

Ich erklärte, daß der der Vater meines Fliegerkameraden Heinz sei, der Blutordensträger und Chef des Flughafens in Nürnberg ist. Damit war ich glaubwürdig geworden. Nun zählte ich als dazugehörig, und der Kommandeur fragte mich, ob ich vielleicht Hunger hätte. Ich nickte mit dem Kopf, und der Oberfähnrich holte mir zwei Scheiben deutsches Kommißbrot mit Butter und Dauerwurst. Endlich wieder herzhafte Kost.

Während ich aß, läutete das Telefon. Der Kommandeur meldete sich und nach einigen „Jawohl" legte er den Hörer auf den Feldfernsprecher zurück. Mir gab er zu verstehen, daß ich „zur Untersuchung" abgeholt würde. Bald kam ein Oberarzt, der sich Doktor Frohwenn nannte. Wieder wurde ich gefragt, ob ich verwundet oder verletzt sei – oder sonstwie krank? – Ich erklärte dem Arzt:

„Nein, nichts von alledem. Nur seit dem 17. Dezember habe ich täglich mehrere Pervitin zu mir genommen."

Der Arzt schüttelte sein Haupt und meinte, daß er mir etwas zusammenbrauen würde, damit ich von dieser Droge wieder frei käme. Damit verließ er den Raum. Als er aber nach einiger Zeit zurückkehrte, hielt er mir eine Tasse hin, in der sich eine weiße Flüssigkeit befand. Ich trank das fürchterlich bitter schmeckende Zeug in einem Zuge aus.

Eine halbe Stunde später kamen ein Major und ein Oberleutnant. Die Offiziere begrüßten mich und baten, ihnen zu folgen. Ich verabschiedete mich von dem Kommandeur und seinem Stab und verließ mit den beiden das Haus, vor dem ein Volkswagen stand, in dessen Rücksitz ich Platz nehmen sollte. Ein Oberfeldwebel fuhr den VW-Kübel. Der Oberleutnant saß neben mir, der Major neben dem Fahrer. Die Reise dauerte eine Zeit, und ich wurde müde. Das letzte, an das ich mich vor dem Einschlafen erinnerte, war, daß der Major zu dem Oberleutnant sagte:

„Das ist nun einer von diesen Kerlen, die den Amis so arg zugesetzt haben!"

Zufrieden war ich entschlummert.

Als ich wachgerüttelt wurde, sagte der Major:

„Bitte aussteigen! Wir sind da."

Wir befanden uns „Im Ascheider Wall" vor einem Gasthof. Der Oberleutnant sagte mir, daß wir in Sankt Vith wären. Dann geleitete er mich über einen Flur in einen Nebenraum. An einem Tisch saß ein Hauptmann, der sich bei unserem Eintreten erhob. Er bot mir Platz an und schob mir einen Teller mit Kuchen zu:

„Bitte, nehmen Sie."

Das tat ich. Dann wollte er mir auch ein Glas Wein einschenken. Aber wegen meiner Verfassung nach der Pervitin-„Entwöhnungskur" lehnte ich lieber ab. Nach der Kuchenmahlzeit meinte der Hauptmann, daß er mich jetzt in das Schloß „M" bringen würde. Es war ein großer Kübelwagen, den der Hauptmann selbst fuhr. Ich nahm neben ihm auf dem Beifahrersitz Platz. Während der Fahrt mußte ich wieder schwer mit dem Schlaf kämpfen, und erneut verlor ich diesen Kampf und schlief auch bald ein. Lange dauerte das allerdings nicht; denn ich wurde so kräftig durchgeschüttelt, daß ich bald wieder munter war. Nach einer einstündigen Fahrt kamen wir durch ein Tor, und ich erkannte es sofort als das, das zu dem Schloß gehörte, von dem aus unsere Kommandogruppe in den Einsatz gegangen war. Der Hauptmann hielt neben der Schloßmauer an. Ich sagte zu ihm:

„Da oben auf der Freitreppe haben wir neun Fallschirmjäger der ‚Kommando-Gruppe Ehrenreich' am 17. gestanden."

Der Hauptmann nickte und sagte mir, daß ich mich nun in dem großen Kartenraum, aus dem wir verabschiedet worden waren, melden sollte. Schweren Schrittes stieg ich die Stufen hinauf, und ich hätte nicht beschreiben können, wie mir dabei zumute war. Hinter mir fiel die Tür zu, und wie im Traum lief ich den Flur entlang. Dann betrat ich das Kartenzimmer und sah, daß an einem kleinen Tisch, auf dem mehrere Feldfernsprecher standen, ein junger Leutnant saß, der erschreckt aufblickte und mich erstaunt ansah. Ich ging näher heran, blieb stehen und grüßte nach amerikanischer Manier:

„Firstlieutenant Norrie Frederic Breadfoud meldet sich vom Sondereinsatz hinter den amerikanischen Linien zurück!"

Da erholte sich der Leutnant, riß die Augen auf und brüllte mich an:

„Sie sind wohl verrückt geworden, was? – Diesen Zahn lassen Sie sich bloß wieder ziehen!"

Da stieg eine unbeschreibliche Wut in mir hoch, und ich wußte nicht mehr, was ich tat. Ich langte über den Tisch, griff mir den Leutnant und schleuderte ihn über seinen Stuhl zu Boden. Als er da so lag, riß ich eine Eierhandgranate vom Gürtel und warf sie vor ihn hin. Vermutlich wußte der Leutnant überhaupt nicht, was sich hier abspielte. – Ob der geglaubt hatte, er sollte gekidnapt werden?

Ich schrie ihn an:
„Hau bloß ab, bevor ich dich in die Luft sprenge!"
Da hörte ich hinter mir eine erregte Stimme:
„Was geht denn hier vor?"
Ich drehte mich um und sah, daß es der Oberstleutnant war, der uns in das geheime Kommando-Unternehmen eingewiesen hatte. Ich meldete mich erneut genauso wie vorher bei dem Leutnant. Der Oberstleutnant aber fragte nur:
„Wie ist Ihr Name, und von welcher Gruppe sind Sie?"
Als ich „Kommando-Gruppe Ehrenreich" sagte, meinte er:
„Ich denke, die sind alle tot?"
Daraufhin übergab ich ihm mein eigenes Soldbuch zur Klärung. Dabei sah er mich prüfend an.
Als der Oberstleutnant aber mein Soldbuch aufblätterte und hineinsehen wollte, bemerkte er, daß der Leutnant noch immer auf dem Fußboden lag, und er fuhr ihn an, nun endlich aufzustehen und die anderen Offiziere des Stabes zu holen. Der Leutnant sprang auf und war mit wenigen Schritten aus dem Zimmer. Mit seiner ruhigen Stimme, die mir damals schon aufgefallen war, bat mich der Oberstleutnant dann, an dem großen Kartentisch Platz zu nehmen. Gleich darauf betraten mehrere Offiziere den Saal. Sie wurden mit den Worten empfangen:
„Meine Herren, das ist der einzige überlebende Mann der Gruppe ‚Ehrenreich', der Kommando-Gruppe 9. Das war die Gruppe mit den meisten Erfolgsmeldungen!"
Vor mir standen sieben Offiziere, die mich wie ein Weltwunder anstarrten. Da bat sie der Oberstleutnant, am Tisch Platz zu nehmen, und zu einem sagte er:

„Leutnant Zeitler, holen Sie bitte den Fotografen – aber mit Apparat."

Bald kam ein Unteroffizier, der eine große Kamera mit Blitzpulver-Ausstattung bei sich hatte. Mehrere Aufnahmen von allen erdenklichen Seiten wurden gemacht. Dann nahm ich wieder Platz, setzte den schweren Stahlhelm ab und legte ihn vor mich auf den Tisch.

Als der Oberstleutnant auf der hinteren Seite des Helms den tiefen Einschnitt sah, fragte er, woher diese Beschädigung stamme. Ich erklärte, daß die von einem Scharfschützen käme, der auf mich geschossen hatte. Dann verlas ein Offizier die letzte Funkmeldung, die von uns aufgefangen worden war. Seit dieser Zeit war von unserer Gruppe kein weiterer Funkspruch eingegangen. Ich erklärte den Grund; denn bei der Aktion des nächsten Tages war ja unser Gerät „in die Binsen gegangen". Anhand der Karte mußte ich nun den Fortgang unseres Unternehmens schildern.

Ein Offizier nahm während meiner Berichterstattung ein Stenogramm auf. Zwei andere waren damit beschäftigt, kleine farbige Fähnchen in die Wandkarte zu stecken, um unsere Kommando-Einsätze festzuhalten. Über den Ablauf des Gefechts in Commanster waren der Oberstleutnant und auch die anderen Offiziere zutiefst erschüttert. Und als ich ihnen dann den Tod unseres Kommando-Führers, Oberleutnant von Helmstorff zu Bennigenburg, schilderte und von seiner Aufbahrung in der Kirche von Crombach erzählte, da erhob sich der Oberstleutnant und reichte mir über den Tisch die Hand.

Dann sollte ich alles ablegen, was ich noch von der Ausrüstung bei mir hatte. Ich war selbst erstaunt, als ich den Inhalt meiner Taschen vor mir liegen sah. Es war eine ganze Menge, die da zum Vorschein kam.

Weil seit dem 20. Dezember kein Funkspruch mehr von unserer Kommandogruppe eingegangen sei, waren wir als vermißt gemeldet worden, und man war der Meinung gewesen – wir wären aufgerieben und vernichtet. Dann erfuhr ich von dem Oberstleutnant, daß jeder Angehörige unserer Gruppe in Abwesenheit befördert und jedem das „Deutsche Kreuz in Gold" verliehen worden sei. Dem Oberleutnant Freiherr von Helmstorff zu Bennigenburg hätte der Führer außerdem das „Ritterkreuz des Eisernen Kreuzes" verliehen.

Die Meldung über unsere Beförderungen und die Urkunden für die Auszeichnungen seien bereits am 22. Dezember an das Fallschirm-Armeekommando abgeschickt worden.

Aus fast immer ähnlich lautenden Fragen entnahm ich, daß der Oberstleutnant sehr daran interessiert war, ob nicht die Leiche unseres Kommandoführers aus der Kirche hätte geholt werden können. Aber der Frontabschnitt bei Crombach war fest in amerikanischer Hand.

Dann konnte ich endlich meine amerikanischen Klamotten ablegen. Die noch offenen Fragen sollten später beantwortet werden. Ein Oberfeldwebel holte mich ab und brachte mich in einen Baderaum. Als ich mich ausgezogen hatte, empfand ich, daß ich wie ein Landstreicher stinken müßte. Vor dem großen Wandspiegel im Ankleideraum blieb ich lange stehen und betrachtete mein Gesicht. Fast kamen mir die Tränen über mein Aussehen. So war es nicht einmal in der Normandie nach vielen Wochen gewesen. Ich stieg in das warme Wasser der Wanne und begann, mich mit der guten Seife, die man mir gegeben hatte, zu bearbeiten. Noch während ich im Wasser saß, kam ein Barbier und nahm mir meinen Bart ab und machte meine Frisur wieder gesellschaftsfähig. Lange ließ ich mir noch das Wasser der Brause am Körper herunterlaufen. Zu allem Glück bekam ich völlig neues Unterzeug und ein ebensolches Uniformhemd. Als ich mir meine alte Springerhose und die Fliegerbluse anzog, merkte ich, daß ich am Körper stark abgenommen hatte. Erst als ich meinen Knochensack angezogen hatte und meinen Springerhelm am Koppel trug, ging ich wieder in den Kartensaal zurück. In der Zwischenzeit war das Mittagessen aufgetragen worden. Als „Schonkost" für mich wurden Rühreier und Weißbrot serviert. Hinterher gab es ein Glas mit köstlichem Cognac. Man hätte sich daran gewöhnen können.

Als sich die Gelegenheit ergab, fragte ich den Oberstleutnant, ob ich nicht auch einen Durchschlag meines Einsatzberichts über das Kommando-Unternehmen bekommen könne. Das wurde mir zugesagt. Außerdem erhielt ich die Namen und Dienstgrade der Angehörigen unserer Gruppe, die außer mir alle gefallen waren:

Oberfeldwebel Fritz Stoll (Douglas),
geb. 1.7.1923,
gef. 21.12.1944 Vieux Fourneau;

Feldwebel Kurt Wiegand (Shank),
geb. 14. 3.1920,
gef. 21.12.1944 Burtonville;

Fähnrich Horst Vack (Carty),
geb. 22. 6.1924,
gef. 22.12.1944 Commanster;

Leutnant Fritz Heinemann (McKensie),
geb. 1.6.1920,
gef. 22.12.1944 Commanster;

Leutnant Hans-Erich Meyer (Finch),
geb. 7. 6.1920,
gef. 22.12.1944 Commanster;

Oberfeldwebel Franz Mader (Ashburn),
geb. 24.9.1916,
gef. 22.12.1944 Commanster;

Oberjäger Horst Stein (Crouse),
geb. 10. 5.1923,
gef. 22.12.1944 Commanster;

Oberleutnant Ehrenreich Freiherr von Helmstorff
zu Bennigenburg (Clarke),
geb. 1.9.1920,
gef. 22.12.1944 Poteau.

Immer wieder mußte ich die Personalien meiner treu-
en Kameraden, die in Erfüllung der von ihnen freiwillig übernommenen Aufgaben im feindlichen amerikanischen Hinterland geblieben waren, durchlesen. – Ich
hatte ja auch vorher nicht gewußt, wer und was jeder
einzelne gewesen war.
Dann erfuhr ich, daß einige Kommando-Gruppen sich
nur bis zum 18. Dezember über Funk gemeldet hatten.
Viele konnten nur kleine Erfolge erzielen, die sich meist
auf Fahrzeugvernichtungen beschränkt hatten. Andere hatten aber auch einige Panzer und sonstige gepanzerte Fahrzeuge als vernichtet gemeldet. Von einem großen Teil der eingesetzten Gruppen war überhaupt keine
Funkmeldung angekommen. Unsere Kommando-Gruppe war die einzige gewesen, die sich ständig über Funk
gemeldet und auch tatsächlich das ihr zugewiesene Einsatzgebiet hinter den amerikanischen Linien erreicht

hatte. Unsere über Funk durchgegebenen Erfolgsmeldungen waren im Stab jedesmal mit großem Hallo aufgenommen worden. Außerdem wurde mir gesagt, daß unsere Angaben immer wieder von Agenten der deutschen Abwehr bestätigt worden waren. Anhand von vorliegenden amerikanischen Listen über Ausrüstung und Fahrzeugausstattung hatte ein Abwehroffizier den Gesamtschaden errechnet, den allein unsere Kommando-Gruppe der amerikanischen Armee zugefügt hatte. Vom Personalverlust war dabei noch gar nicht die Rede.

Durch Sprengungen oder Abschuß wurden vernichtet:
Ca. 120 Lastwagen und weitere Militärfahrzeuge aller Art,
ca. 55 Panzer,
6 gepanzerte Kettenfahrzeuge,
13 Flugzeuge, davon eins durch Abschuß,
8 fahrbare Funkstellen,
4 Stromaggregate,
ca. 10 Panzer-Tieflader für den Eisenbahntransport,
1 Straßenbrücke.

Weiterhin das große Treibstofflager, in dem sich nach Agenten-Meldungen Betriebsstoff-Vorräte von mehreren Millionen Litern befanden.
Die im Munitionsdepot von Barvaux eingelagerte Munition und Sprengmittel konnten nur geschätzt werden.
Auf jeden Fall war man mit dem dem Feind zugefügten Schaden durch unsere Kommando-Gruppe, der sich auf mindestens einhundert Millionen Dollar bezifferte, mehr als zufrieden. Ganz abgesehen davon, war nach Agentenmeldungen durch Zerstörung der vielen Telefonleitungen ein unübersehbares Chaos ausgelöst worden. In den Stäben sei danach alles drunter und drüber gegan-

gen, und die von allen Kommando-Gruppen angerichtete Verwirrung und Angst sei unbeschreiblich gewesen. Insbesondere hatte die „Kommandogruppe Greif" der Waffen-SS große Erfolge gehabt, sei dann aber unter schweren Verlusten aufgerieben worden. Von Skorzenys Männern waren einige bis in das alliierte Hauptquartier ostwärts von Paris vorgedrungen, und der Oberbefehlshaber der Invasionstruppen, General Eisenhower, sei verzweifelt gewesen. Man erzählte sich, „Ike" sei so ängstlich geworden, daß er nur noch unter Begleitschutz zur Toilette gegangen wäre.

Nachdem ich einige belegte Brote zu mir genommen hatte, war es bereits 01.00 Uhr.

Ein neuer Tag war angebrochen
(24. Dezember 1944)

Wieder beim „alten Haufen"

Als ich mich erkundigte, ob man wisse, wo der derzeitige Standort des 9. Fallschirmjäger-Regiments sei, teilte mir der Oberstleutnant mit, daß ich im Laufe des Nachmittags zu meiner Einheit gebracht würde. Bis dahin war noch Zeit, und so schlief ich in einem Sessel in der Nähe des Kamins ein. Der Nachrichten-Offizier aus Bayreuth-Bindlach ließ sich inzwischen mein Soldbuch geben. Kurz vor dem Mittagessen bekam ich es mit einer langen Eintragung zurück. Versehen mit dem Dienstsiegel der Einheit des Schlosses „M" war bestätigt, an welchen Einsätzen ich in der Zeit vom 17. bis zum 23. Dezember 1944 beteiligt gewesen war.

Dann wurde zum Mittagessen gebeten.

Danach verabschiedete ich mich von allen Anwesenden und wurde mit den besten Wünschen entlassen. Der Oberstleutnant ließ es sich nicht nehmen, mich bis auf die Plattform der Freitreppe zu begleiten. Wieder fing es an zu schneien.

„Wie damals", sagte ich, „als ich hier mit den Kameraden an der gleichen Stelle stand – vor unserem Einsatz!"

Der Oberstleutnant nickte und reichte mir noch einmal die Hand:

„Mach's gut, Fallschirmjäger!" – Mit einem Gruß ging er ins Schloß zurück.

Ich ging die Treppe hinunter und stieg in den schneegetarnten Volkswagen. Am Steuer saß der Leutnant Zeitler. Wir fuhren ab, und bei leichtem Schneetreiben kamen wir durch den Mirfelder Busch. Bald tauchten vor uns die Häuser von Ameln auf. Außerhalb bogen wir auf einen Nebenweg ab und fuhren in das Tal hinunter. Nach einiger Zeit überholten wir mehrere Fallschirmjäger. Der Leutnant fragte sie nach dem Gefechtsstand des 9. Fallschirmjäger-Regiments. Als Antwort hörten wir, daß sie Angehörige des 5. Fallschirmjäger-Regiments seien; aber der Gefechtsstand des Neunten müsse in der Mühle von Möderscheid untergebracht sein. Die Mühle liege aber außerhalb des Ortes an einem Bach.

Bei der Ortsausfahrt fanden wir ein Hinweisschild zu den neunten Fallschirmjägern. Auf einem Feldweg ging es zur Mühle. Die tauchte bald im Schneetreiben vor uns auf. Leutnant Zeitler hielt an, und wir gingen in das Haus, vor dem ein Posten stand. Wir betraten den Gefechtsstand, und als der Oberfeldwebel Lipp mich erkannte, übersah er ganz den Leutnant, der mich „abliefern" wollte:

„Mensch, der Rudi Frühbeißer – der ‚Ausreißer' ist wieder da!"

Aus einem Nebenraum kam daraufhin der Regimentsadjutant, Hauptmann Baron von Freyberg. Leutnant Zeitler hatte nun endlich jemanden, dem er seine Meldung machen konnte. Er sagte, es wäre seine Aufgabe, mich nach einem Sondereinsatz zu meinem Regiment zurückzubringen.

Der Hauptmann bedankte sich und fragte, ob er ihm ein Getränk anbieten dürfe.

Mein alter Kamerad Franz Lipp erzählte mir dann, daß er gerade erst vor wenigen Tagen meinetwegen eine Vermißtenmeldung an die Wehrmachts-Auskunftstelle nach Saalfelden abgeschickt hätte. Seit dem letzten Einsatz zusammen mit der Waffen-SS bei Honsfeld hatte man nichts mehr von mir gewußt. Ich bat ihn dringend, alles durch eine Nachmeldung rückgängig zu machen.

In einem anderen Zimmer traf ich auf drei Ordonnanzoffiziere. Unter ihnen war der Oberleutnant Luther. Der ehemalige Seeflieger freute sich besonders, da ich mit ihm viele Male auf Späh- und Stoßtrupp gewesen war. Die Leutnante Wabnik und Herwig freuten sich mit mir, daß für mich alles so glimpflich abgelaufen war. Der Hauptmann von Freyberg nahm mit Hochachtung die Eintragungen in meinem Soldbuch zur Kenntnis und meinte:

„Du warst also auch ein ‚Amerikaner'!"

Ich nickte nur.

„Dann weiß ich Bescheid", ergänzte der Hauptmann, „von euch Burschen sind schon die tollsten Berichte im Umlauf."

Dann kam Franz Lipp wieder und brachte ein Tablett, auf dem mehrere Gläser standen. Auch Leutnant Zeitler nahm sich ein Glas, und dann ergriff der Hauptmann wieder das Wort:

„Dieses Glas trinken wir auf unseren erfolgreichen ‚Heimkehrer'!" Wir stießen an und tranken – wie zum Hohn natürlich – amerikanischen Whisky. Dann haute mir Oberleutnant Luther auf die Schulter und meinte: „So, Junge – und nun ‚Fröhliche Weihnachten'!"

Mir war, als bliebe mir ein Kloß im Halse stecken.

Das I. Bataillon, mein Bataillon, wurde noch von

Oberstleutnant Gundolf Freiherr Schenk zu Schweinsberg geführt. Bei Anbruch der Dunkelheit wurde ich zu meiner Kompanie gebracht, die nördlich Faymonville lag. Den Weg dorthin mit mir zu machen, ließ sich Leutnant Zeitler nicht nehmen. – Was mein Kompaniechef, Hauptmann Schiffke, wohl sagen würde?

Unterwegs erzählte Oberfeldwebel Lipp, der als Einweiser mitfuhr, die Erlebnisse des Regiments in der Zwischenzeit, als ich sozusagen „abhanden gekommen" war.

Über Schoppen, das das Regiment am 18. Dezember kampflos eingenommen hatte, kamen wir nun nach Faymonville. Am Ortseingang stand ein brennender Lkw, der Munition geladen hatte. Mitten im Dorf mußte der Leutnant den VW scharf bremsen. Knappe hundert Meter vor uns schlugen einige Salven amerikanischer Artillerie ein. Inzwischen hatte es zu schneien aufgehört.

Vor uns tauchte das dunkle Viereck der Straßenunterführung im Bahndamm auf. Lipp erklärte, daß diese Bahnüberführung Tag und Nacht unter Ari-Feuer läge. Dennoch hatte nicht weit davon der Arzt des I. Bataillons, Dr. Dr. Kaie, seinen Verbandsplatz dort in einem ausgebauten und sicheren Stollen eingerichtet. Als wir die Unterführung passiert hatten, ging hinter uns – jetzt auf der anderen Seite des Bahndamms – eine ganze Serie von Einschlägen nieder.

Lipp machte den Leutnant darauf aufmerksam, daß wir nun bald den Gefechtsstand der 1. Kompanie erreichen würden. Das letzte Haus am Hang wäre es. Neben einem Stallgebäude stellte Leutnant Zeitler seinen Volkswagen ab. Aus Sicherheitsgründen mußten wir den Gefechtsstand des Hauptmanns Schiffke durch einen Stall betreten. Zuerst kamen wir an die Küche. Dort hantierte gerade unser alter Koch, der Sepp Riegel – auch ein Nürnberger wie ich, aber aus der Mittleren Kreuzgasse:

„Mensch, Rudi! Bist du auch wieder da? – Was darf ich dir denn anbieten?"

„Hallo Sepp!" freute ich mich, „das ist ja hier wie in der Normandie, wo du uns auch immer mit leckeren Sachen verwöhnt hast."

Dann klopfte ich an die Tür des Chefs. Als der mich sah, hatte ich den Eindruck, der Hauptmann glaubte ein Gespenst zu sehen. Mit zwei Schritten stand ich vor ihm und „baute mein Männchen":

„Herr Hauptmann, ich melde mich gesund von einem Kommando-Einsatz zurück!"

Gerührt umarmte er mich. Er hatte gerade mit den Zugführern der Kompanie eine vorweihnachtliche Besprechung. So traf ich hier gleich den Fahnenjunker-Feldwebel Kuhlbach und die Feldwebel Diesing und Scheger sowie den Oberjäger Plazek.

In der Ecke des Zimmers stand neben dem verschlossenen Fenster ein kleiner Christbaum, an dem die Kerzen schon brannten. Es roch nach köstlichem Punsch. Der Hauptmann reichte mir ein Glas und meinte:

„Eigentlich war das ein ‚dicker Hund', sich ohne Abmeldung davonzumachen; aber weil du ein Bayer bist, kann man dir ja nicht böse sein. – Aus diesem Grund trinken wir zusammen mit den Zugführern auf deine glückliche Rückkehr!"

Dieser kameradschaftliche Empfang hatte mich zutiefst gepackt. Dann führte mich der Chef in den Keller. Da hockte der ganze Kompanie-Trupp. Wir betraten einen großen Raum, der mit vielen Matratzen ausgestattet war. Hauptmann Schiffke rief auf seine unverkennbare norddeutsche Art:

„Was sagt ihr nun, Jungs, wen ich euch da bringe?"
Mit großem Gebrüll umringten mich meine alten, treu-
en Fallschirmjäger-Kameraden und schüttelten mir zum
Gruß die Hände. Da waren die Oberjäger Lenz und
Löwe, der Waffenmeister Federowski, die Kompanie-
melder Füsser und Heß. Vor Rührung war ich den Tränen
nahe.

Aber dann sollte die Weihnachtsfeier beginnen. Unser
Hauptmann hielt eine kurze Ansprache. Er erinnerte
an die großen Verluste, die die Kompanie gerade in den
letzten Tagen bei einem Angriff aus der Bereitstellung
heraus hinnehmen mußte, und an die vielen Verwundeten und Gefallenen. – Über den Ausgang der „Ardennen-Offensive" ließ er sich nicht aus.

Der Jäger Olivieri hatte auf einem Tischchen ein Gram-
mophon stehen. Er zog die Feder auf, setzte das Kramola
in Bewegung, und aus dem Trichter ertönte das schöne
deutsche Weihnachtslied von der „Stillen Nacht, heiligen Nacht". Mit rauhen Soldatenkehlen sangen wir die
erste Strophe noch mit. Bei der zweiten war es aber nur
noch einigen möglich, weiterzusingen. Fast allen, besonders den jungen Jägern, die das erste Mal während ihrer
Soldatenzeit im Feindesland waren, traten Tränen in die
Augen – dagegen half auch kein noch so oft bewiesener
Mut im Felde etwas. Karl Lenz, der mir gegenüberstand,
sah mich mit feuchtnassen Augen an und nickte mir be-
deutungsvoll zu.

Als das Lied aus war, trat Sepp Riegel ein und brachte
einen großen Topf stark riechenden Punsches. Ein anderer brachte ein Henkelkörbchen mit Weihnachtsplätz-
chen. Er sagte dazu, die hätten soeben Dorfbewohner
gebracht. Dabei erfuhr ich, daß in verschiedenen Kel-
lern des Dorfes auch noch viele Einwohner hausten,
die das Vieh notdürftig versorgten. Dann stießen wir

an, und Hauptmann Schiffke erhob sein Glas und sagte: „Fröhliche Weihnachten, Fallschirmjäger! – Aber vom Frieden auf Erden kann wohl keine Rede sein."

Das hat auch keiner erwartet, dachte ich, als ich den Punsch trank, deshalb ist dem Sepp aber doch ein köstliches „Gesöff" gelungen.

Anschließend nahm der Hauptmann mehrere Beförderungen vor und gab verschiedene Auszeichnungen bekannt:

Der Küchenoberjäger Peschke wurde zum Feldwebel und manche alte Kameraden von mir zum Oberjäger befördert. Ein Teil der Jungen wurde wegen Tapferkeit vor dem Feind vorzeitig Gefreiter. Außerdem verlieh unser Chef mehrere „Fallschirmjäger-Erdkampfabzeichen" und auch einige „Eiserne Kreuze" der I. und II. Klasse.

Anschließend brachten die Küchenhelfer auf einem großen Tablett das Abendessen. Es gab Schweinebraten mit Rotkraut und Kartoffeln, dazu eine gute Soße. Dann wurden aus Beutebeständen einige Flaschen Whisky verteilt. Immer zwei Mann mußten sich eine Pulle teilen:

„Na, Prost denn!"

Nach dem Schmaus bekamen wir „hohen Besuch". Der Bataillonskommandeur, Oberstleutnant Schenk zu Schweinsberg, und sein Adjutant, Oberleutnant Dukkert sowie der Stabsarzt Dr. Kaie traten in den Keller. Mit einer dicken, schwarzen Zigarre, die der Kommandeur – wir „Alten" nannten ihn nur den „Freiherrn" – seiner ledernen Tasche mit dem metallenen Familienwappen entnommen hatte, stand er, blaue Wolken vor sich hinpaffend, unter seinen braven Fallschirmjägern. Er hatte aber auch die Grüße unseres Regimentskommandeurs, Oberst im Generalstab Helmuth von

Hoffmann, mitgebracht. Weil er jedoch noch mehr Kompanien besuchen wollte, verabschiedete er sich schon bald wieder.

Die Amis machen „Wander-Zirkus"

Natürlich mußte ich nun meinen Kameraden über meine Erlebnisse der letzten Tage berichten. Aber mitten in meine Erzählungen hinein läutete auf einmal in unserem Befehlsstellen-Keller das Feldtelefon. Hauptmann Schiffke nahm den Hörer selbst ab und meldete sich. Dann aber sprach nur die Gegenseite. Erst nach einiger Zeit antwortete er wieder:

„Jawohl, ich komme sofort – mit allen verfügbaren Kräften!"

Dann legte er den Hörer zurück, kurbelte ab, drehte sich zu uns um und sagte:

„Also Männer, Weihnachten ist vorbei. – Wir müssen sofort raus. Die Amerikaner greifen an!"

Mit gewohnter Eile nahm jeder seine Handfeuerwaffen und drängte zur Kellertreppe. Im Aufbruch langte mir der Waffen-Oberjäger Federowski eine Maschinenpistole mit Munitionstaschen zu; denn ich hatte ja noch gar keine Waffen gefaßt, seit ich von meinem „Ausflug" zurückgekommen war. Mein alter Kampfgefährte Hermann Füsse stieß mich an:

„Los Rudi, du bleibst bei mir!"

Vor dem Haus schlug uns klirrender Frost ins Gesicht. Hermann versuchte, mir mit abgehackten Worten den Verlauf der Stellungen unserer Kompanie zu erklären.

In kleinen Gruppen schlichen wir in die verschneiten Schützenlöcher. Hermann und ich liefen einen schmalen Weg entlang, der auf einen Hügel führte. Im Mondlicht konnte ich erkennen, daß das Gelände von einer langen Hecke durchzogen war. Als wir sie erreicht hatten, sah ich hier in Abständen Einmann-Deckungslöcher und MG-Stellungen ausgehoben.

Sofort machten wir das Maschinengewehr, das wir beide zu bedienen hatten, feuerbereit und überprüften, ob es auch funktionierte, ohne jedoch durch einen Schuß zu verraten, daß wir den Feind erwarteten. Deshalb entnahm ich das Schloß und stellte beruhigt fest, daß sich die beiden Gleitrollen trotz des starken Frostes noch einwandfrei bewegen ließen. Also baute ich es wieder in das MG-42 ein.

Nach einiger Zeit des Wartens und des Lauschens kam ein Melder zu uns an das Deckungsloch und teilte uns mit, daß die Sicherungsposten einige hundert Amerikaner mit Fahrzeugen ausgemacht hätten, die auf der Straße von Waimes in Richtung Bütgenbach gefahren waren. Etwa zweitausend Meter vor unseren Stellungen seien die Wagen stehengeblieben. – Hermann suchte mit seinem Fernglas das Gelände ab und bestätigte, daß tatsächlich auf der im feindlichen Hinterland verlaufenden Straße ein Fahrzeug-Konvoi stand, der sich deutlich vom Schneefeld abhob.

Auf einmal war Hauptmann Schiffke bei uns am Deckungsloch. Er befahl, daß das Feuer nur auf Pfiff seiner Signalpfeife eröffnet werden dürfe. Die angreifenden Amerikaner sollten erst bis auf 30 Meter an unsere Stellungen herankommen. Nur so wäre es möglich, diesen Angriff zurückzuschlagen.

Allmählich begann ich zu frieren. Hier war ich nicht mehr so warm angezogen wie als „amerikanischer Soldat". Abgesehen davon mußte man jetzt fast untätig in seinem Loch ausharren. Hermann schimpfte furchtbar auf „rheinländisch" und meinte, daß die versoffenen Amerikaner wenigstens am „Heiligen Abend" Ruhe geben könnten. – Zur „Strafe" wollten wir sie aber tüchtig „einseifen", damit ihnen für die nächsten Tage die Lust an solchen Unternehmungen vergehen sollte. Während wir das Gelände „im Auge behielten", erklärte mir mein Kumpel, daß etwa dreißig Meter vor unseren Stellungen feine Drähte durch das Gelände gespannt worden waren, an denen die Pioniere auch noch Leuchtkörper angebracht hatten. Sollte ein Amerikaner in diese Falle stolpern, so würden sich diese „Lichtlein" entzünden und das ganze Gelände hell bescheinen. Das gäbe ein gutes Büchsenlicht für unsere Schützen. Treuherzig meinte Hermann:

„Hoffentlich funktionieren die Dinger auch! Es wäre nicht schön, wenn ‚General Frost' uns einen Strich durch die Rechnung machen würde."

Mit solch „munteren Reden" standen wir eng nebeneinander im Deckungsloch und warteten auf den Beginn des amerikanischen Angriffs. – Dann, wie von Geisterhand hingezaubert, konnten wir durch das Fernglas dunkle Flecken im hellen Schneefeld ausmachen, die sich in etwa dreihundert Metern Entfernung komisch hüpfend bewegten. Das sah deshalb so sonderbar aus, weil die Amerikaner offenbar zu kurze Schneehemden anhatten, so daß nur die ungetarnten Beine zu sehen waren. Als sie jedoch näher kamen, war deutlich zu erkennen, wie sich verschiedene Gruppen auf dem Schneefeld in ihren jeweiligen taktischen Formationen verhielten.

Wieder kam ein Melder. Es wurde höchste Alarmstufe angesagt und noch einmal an die Feuerdisziplin erinnert. Wir hatten hier bei der hohen Hecke eine gute Stellung. Selbst bei Tag konnten wir uns bewegen, ohne von amerikanischer Seite entdeckt zu werden. Nicht einmal der Artillerie-Flieger, der bei gutem Wetter in rund dreihundert Metern Höhe den etwaigen Frontverlauf abflog, hatte bisher unsere Stellungen ausmachen können, erklärte mir Hermann. Scherzhaft hatten sie deshalb diesen Frontabschnitt ihre „Siegfriedlinie" benannt.

Inzwischen waren die Amerikaner näher gekommen. Immer wieder blieben die Gruppen stehen oder kauerten sich im Schnee nieder. – Trotz der nicht geringer gewordenen Kälte wurde mir nun doch warm. Wir bereiteten uns auf den baldigen Einbruch der Amerikaner vor. Etwas unruhig legten wir die Stielhandgranaten und die Leuchtpistolen, die geladen und schon entsichert waren, in angeblich immer bessere Griffnähe. Für den äußersten Notfall hatten wir dann immer noch unsere Fallschirmjäger-Kappmesser, die wir leicht in den Baumstamm gestoßen hatten, der bei unserem Deckungsloch lag. Zufrieden überblickte ich unser „Arsenal".

Das Maschinengewehr hatte ich auch bereits entsichert, und Hermann ließ auf beide Handflächen den Munitionsgurt aufliegen. Ich hatte ihm gesagt, daß ich den ersten Gurt mit 250 Schuß in wenigen längeren Feuerstößen abgeben würde. Deshalb öffnete Hermann noch einen zweiten Munitionskasten und stellte diesen so hin, daß ein Nachladen in kürzester Zeit möglich war. Dabei meinte er:

„Was meinst du, ob ich hingehen und den Amis von ‚ihrem Whisky' anbieten soll? – Vielleicht wäre ihnen das lieber, als hier gleich ‚ins Gras beißen' zu müssen."

Erst jetzt sah ich, daß Hermann eine fast volle Flasche mit ins „Gefecht" genommen hatte. Sicherheitshalber hatte er sie in einen MG-Kasten gestellt.

Die Amerikaner waren nun schon bis auf etwa fünfzig Meter an unsere Stellungen herangekommen. Jetzt kam es darauf an, daß jeder bei uns Feuerdisziplin hielt und keiner die Nerven verlor. So etwas könnte vielen von uns den Tod bringen. Nur durch volles Ausnützen des Überraschungsmoments konnte dieser Angriff gestört und abgewehrt werden. Mein Kamerad hatte so rund 250 Angreifer „gezählt". Als ich ihn fragte, wie stark noch unsere Kompanie sei, meinte er, daß es insgesamt mit Troß und „allem Drum und Dran" 185 Mann wären.

Die Amis kamen immer näher. Jetzt mußten sie jeden Augenblick die Leuchtkörper auslösen. – Doch da geschah etwas ganz anderes. Die anrückenden Amerikaner machten „rechts um" – sozusagen im ganzen Verband – und zogen quer zu unseren Stellungen nach links ab.

„Dann man zu", meinte Hermann, „wenn ihr so weiterlauft, dann kommt ihr direkt dem Hauptmann Fick und seiner ‚Zwoten' ‚vor die Flinte'."

Nach ungefähr einer Viertelstunde waren die Amis aus unserem Blickfeld verschwunden. Später erfuhren wir von der 2. Kompanie, daß die Amerikaner auch dort „ohne Schaden zu nehmen" passiert hatten und zur Straße zu ihren Fahrzeugen zurückgegangen wären. Tatsächlich hörten wir, daß Motoren angelassen wurden, und mit den Ferngläsern konnten wir beobachten, wie die Wagenkolonne in Richtung Bütgenbach davonfuhr.

Erneut kam ein Melder durch das Heckengestrüpp, das hier die HKL bildete. Diesmal war es der Kompaniemelder Franz Heß:

„Auf, ihr alten Schlachtrösser, sofort Sicherheit herstellen"! Aber noch in den Löchern bleiben, bis neuer Befehl kommt! Der Alarm gilt vorerst weiter!"

Damit „wetzte" er zum nächsten Deckungsloch. Ich legte den Sicherungsflügel am MG um, und sorgfältig wurde es mit dem eingelegten Munitionsgurt und dem Kasten in eine Decke gehüllt, um vor Frost und Schneefall geschützt zu sein. Die Kugeln der Abzugseinrichtungen der Handgranaten fielen in die Stiele zurück, und die Verschlußkappen wurden aufgeschraubt. Dann kamen die Handgranaten wieder in die eigens dafür geschaffenen Löcher in der Wand unserer MG-Stellung zurück. Als wir die Arbeit beendet hatten, meinte Hermann selbstzufrieden:

„Nun haben wir ein gutes Werk getan und die dummen Amis mal wieder vor dem Selbstmord bewahrt!"

Und während wir dann „auf weitere Befehle" warteten, stellten sich uns die Fragen, was wohl aus dem einen und anderen Kameraden seit dem Einsatz in der „Hölle der Normandie" geworden sein mochte. So redeten wir lange über diesen und jenen und spähten zwischendurch immer wieder in das Vorfeld, um zu prüfen, ob dort noch alles in Ordnung wäre. Plötzlich scheuchte sich Hermann selbst auf:

„Wegen der blöden Amis hätten wir beinahe die Hauptsache vergessen!"

Dabei zog er die Whisky-Flasche hervor und stellte sie am Rand des Deckungsloches in den Schnee:

„Whisky on the rocks gefällig?"

Mit einem hörbaren „Plopp" rutschte der Korken aus dem Flaschenhals. Als wir anstießen und uns zuprosteten, glaubten wir unseren Ohren nicht trauen zu können; aber doch war es so, in diesem Augenblick läuteten die Glocken der Kirche aus Faymonville das „Fest des

Friedens" ein. – An diesem Abend wußten wir aber noch nicht, daß der „Glöckner" unser Kompaniekamerad, der Oberjäger Gabriel, gewesen war.

Stellungswechsel

Das I. Bataillon des 9. Fallschirmjäger-Regiments unter Hauptmann Schiffke verlegte am 6. Januar 1945 von Faymonville nach Thirimont. Dort wurde eine neue Verteidigungslinie aufgebaut, nachdem die eingeleitete Ardennen-Offensive – der letzte Großangriff der Deutschen Wehrmacht während des Zweiten Weltkrieges – wegen Mangels an Treibstoff nicht fortgeführt werden konnte.

Die Fallschirmjäger mußten nun hier den großangelegten amerikanischen Angriff über sich ergehen lassen. Er begann am 13. Januar 1945 mit einem Trommelfeuer, das mit seiner Heftigkeit während dieses Krieges noch nirgends erreicht worden war. Danach drang dann ein ausschließlich aus Negern bestehendes Sturmregiment in den Ort ein. Im Gegenstoß wurden die Angreifer unter dem konzentrierten Feuer aller verfügbaren Infanterie-Waffen in kürzester Zeit wieder aus dem Ort gedrängt. Dabei machten wir eine große Anzahl von Gefangenen. Alle standen unter erheblichem Alkoholgenuß. Und weil wir keinen Mann im Einsatz entbehren konnten, um sie zu bewachen, sperrten wir sie einfach in die Hauskeller ein. Da konnten sie ihren Rausch ausschlafen.

Erneut begann dann das amerikanische Dauerfeuer auf den längst in Flammen stehenden Ort. Wieder mußte das Fallschirmjäger-Bataillon das Sturmregiment abwehren. Aber diesmal kamen die Amis mit Panzer-Unterstützung. Bald jedoch standen mehrere Shermans – im Einzelkampf vernichtet – in Brand. Doch die Angreifer ließen nicht nach. Der Kampf um Thirimont dauerte drei volle Tage.

Während dieser Häuserkämpfe wurde ich mehrfach verwundet, ehe es dem Melder des III. Bataillons, dem Oberjäger Willi Hundertmark, gelang, mich aus dem Einschließungsring der amerikanischen Verbände herauszubringen. Der erbarmungslose Kampf aber ging weiter, bis der Ort dem Erdboden gleichgemacht war. Doch auch die Amerikaner mußten schwere Verluste hinnehmen.

Die Fallschirmjäger, die im Glauben an eine bessere Zukunft ihr Leben für ihr deutsches Vaterland hingegeben hatten, wurden vom leise fallenden Schnee zugedeckt. Um sie herum standen die Ruinen von Thirimont als Kulissen des Grauens.

Ich gedenke all der Kameraden, die während der
Ardennen-Offensive in meiner unmittelbaren Umgebung
oder meiner Einheit im Glauben an Deutschland
gefallen sind:

Am 16. Dezember 1944

Fallschirm-Oberjäger Hans Beuth
Fallschirm-Oberjäger Johannes Bradel
Fallschirmjäger Bruno Eder
Fallschirmjäger-Gefreiter Arno Fischer
Fallschirmjäger-Obergefreiter Josef Führer
Fallschirmjäger-Gefreiter Helmut Härtenberger
Fallschirm-Oberjäger Heinz Helmdach
Fallschirmjäger-Stabsgefreiter Otto Hertmann
Fallschirmjäger Franz Heulle
Fallschirmjäger Kurt Hildebrand
Fallschirmjäger-Stabsgefreiter Horst Hoffmann
Fallschirmjäger-Feldwebel Benno Hörn
Fallschirmjäger Kurt Jährlich
Fallschirmjäger Kurt Jensch
Fallschirm-Oberjäger Siegfried Kleint
Fallschirmjäger-Obergefreiter Ernst Konrad
Fallschirmjäger-Feldwebel Heinz Korn
Fallschirmjäger-Fähnrich Joachim Krüger
Fallschirmjäger Gerhard Lilie
Fallschirmjäger Günter Mittelmann
Fallschirmjäger Karl-Heinz Nok
Fallschirmjäger-Obergefreiter Max Ollermann
Fallschirmjäger-Obergefreiter Karl-Heinz Pfau
Fallschirmjäger-Obergefreiter Fritz Roscha
Fallschirmjäger Albert Roth
Fallschirm-Fahnenjunker-Oberjäger Heribert Vogt
Fallschirmjäger-Obergefreiter Kurt Wittig
Fallschirmjäger-Obergefreiter Heinz Wolf

am 17. Dezember 1944

SS-Sturmmann Otto Büttner
Fallschirm-Fahnenjunker-Oberjäger Rolf Geilenberg
SS-Obersturmführer Willi Hardick
Fallschirmjäger-Obergefreiter Erwin Held
Fallschirmjäger-Obergefreiter Helmut Heller
SS-Sturmmann Karl Höhmann
SS-Untersturmführer Otto Hofbauer
SS-Oberscharführer Gustav Otto
Fallschirmjäger-Sanitätsfeldwebel Josef Otto
Fallschirmjäger-Fähnrich Hubertus Kalmer
Fallschirmjäger-Sanitätsobergefreiter Josef Sebald

am 13. Januar 1945

Fallschirm-Oberjäger Franz Heß
Fallschirmjäger-Feldwebel Hans Peschke
Fallschirm-Oberjäger Bernhard Schmitz
Fallschirmjäger Erich Stegmeier

Dazu kommen die Kameraden aus dem Kommando-Einsatz, denen dieses Buch gewidmet ist und deren Namen bereits am Anfang genannt wurden.

Auch dürfen meine Vorbilder, die

Fallschirmjäger-Majore Kurt Stephani und Fritz Alpers

sowie der

Fallschirmjäger-Leutnant Friedrich Prinz zu Fürstenberg

nicht vergessen werden.

Ehre ihrem Andenken!
Rudi Frühbeißer

O.U.den 21.12.1944

Stab 1/ E./S.Kdo.
Chef - Abt.III/G.E.
F.P.Nr. L 07850
L.G.P.A. - Trier

Wehrmachtsauskunftsstelle

1 0. FEB 1945

Verteiler:

a) Wehrmachtsauskunftsstelle
b) O.K.L. Gen. Qu. Abt. 6
c) O.K.L. L.P. (A) 3
d) Fallsch.Jg.A.O.K. II a 3 V.O.
e) Entwurf

I. Durch Führerbefehl:

Wie aus beiliegendem Fernschreiben „SSD " Nr.1271 20/12 =1700
des Reichsmarschall des Grossdeutschen Reiches Oberbefehls -
haber der Luftwaffe Göring, an den Stab der obigen Dienststelle
zu ersehen ist, wurde in Abwesenheit:

Wegen vorbildlicher Führung einer Sonder Kommando Gruppe und
hervorragender Tapferkeit vor dem Feind

Oberleutnant Ehrenreich Freiherr von Helmstorff zu Bennigenburg

mit dem   „ Ritterkreuz zum Eisernen Kreuz "   ausgezeichnet.

Gleichzeitig erfolgte seine Beförderung zum Hauptmann.

II. Die Angehörigen dieser Sonder Kommando Gruppe:

Gefreiter	Frühbeisser	Rudolf	- 22.6.25
Leutnant	Heinemann	Fritz	- 1.6.20
Oberfeldwebel	Mader	Franz	- 24.9.16
Leutnant	Meyer	Hans-Erich	- 7.6.20
Oberjäger	Stein	Horst	- 10.5.23
Oberfeldwebel	Stoll	Fritz	- 1.7.23
Fähnrich	Vack	Horst	- 22.6.24
Feldwebel	Wiegand	Kurt	- 14.3.20

Am 13.1.1946 von der 1.Kp. 9.Fj. Regiment als Vermisst gemeldet

211

werden wegen besonderer Tapferkeit vor dem Feind, mit dem

" Deutschen Kreuz in Gold "

und dem

Panzervernichtungsabzeichen für Einzelkämpfer in Gold

ausgezeichnet.

III.   Dem Panzerkommandant-und Richtschützen Gefreiten Frühbeisser
wurde zusätzlich wegen seiner zahlreichen erzielten Panzerab-
schüsse, das Heeres-Panzerkampfabzeichen der I.Stufe verliehen.

        Seit dem 20.12.1944 liegt bei dem Stab der absendenden Dienst-
stelle, über diese Gruppe die in Belgien hinter den amerikanischen
Linien eingesetzt war,keine Funknachricht mehr vor.
Es muß damit gerechnet werden,daß die dort eingesetzte Gruppe vom
Feind Erkannt,Aufgerieben oder Vernichtet wurde.

IV.   Sämtliche Angehörige dieser Gruppe werden deshaln an die Wehrmachtsauskunftsstelle Saalfelden/ Saale, durch Verlustmeldung-Vordruck I
als " Vermißt " gemeldet.

Anlagen: 3

Oberleutnant
Nachrichtenoffizier

Oberstleutnant

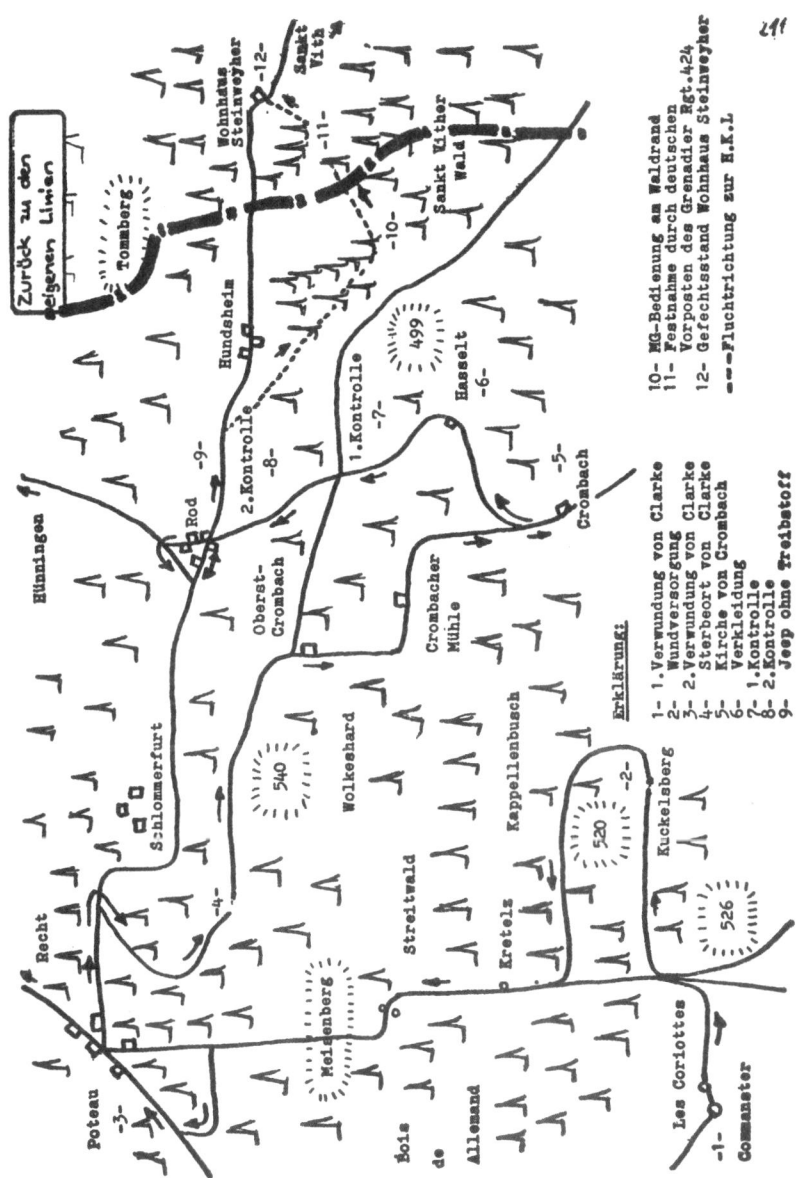

Zurück zu den
eigenen Linien

Tomberg

Wohnhaus
Steinweyher

Sankt Vith

Sankt Vither
Weld

Hundsheim

499

Hasselt
-6-

1.Kontrolle
-7-

2.Kontrolle
-8-

Rod -9-

Crombach
-5-

Hünningen

Oberst-
Crombach

Crombacher
Mühle

540

Wolkeshard

Schlommerfurt

Recht

Streitwald

Kappellenbusch

Kretels

520

Kuckelsberg
-2-

526

Meizenberg

Bois
de
Allemand

Poteau
-3-

Les Corlottes

Commaster
-1-

Erklärung:

1- 1.Verwundung von Clarke
2- Wundversorgung
3- 2.Verwundung von Clarke
4- Sterbeort von Clarke
5- Kirche von Crombach
6- Verkleidung
7- 1.Kontrolle
8- 2.Kontrolle
9- Jeep ohne Treibstoff

10- MG-Bedienung am Weldrand
11- Festnahme durch deutschen
12- Vorposten des Grenadier Rgt.424
    Gefechtsstand Wohnhaus Steinweyher
--- Fluchtrichtung zur H.K.L

213

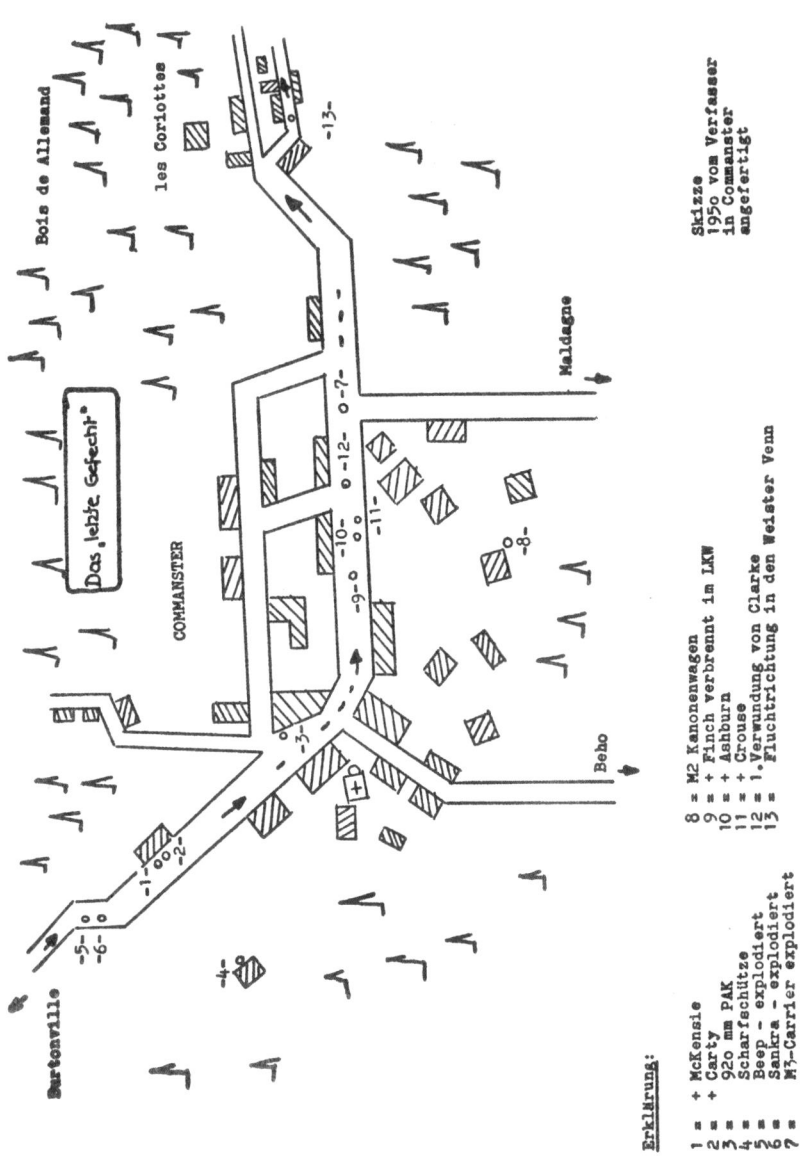

Das letzte Gefecht*

COMMANSTER

Bartenville

Bois de Allemand

les Corlottes

Maldagne

Bebo

Skizze
1950 vom Verfasser
in Commanster
angefertigt

Erklärung:

1 = + McKensie
2 = + Carty
3 = + 920 mm PAK
4 = Scharfschütze
5 = Beep – exploriert
6 = Sankra – exploriert
7 = M3-Carrier exploriert

8 = M2 Kanonenwagen
9 = + Finch verbrennt im LKW
10 = + Ashburn
11 = + Crouse
12 = 1. Verwundung von Clarke
13 = Fluchtrichtung in den Weister Venn

214

Erläuterungen

AFN	amerikanischer Soldatensender
Ambulance	amerikanischer Sanitätswagen
Brigadeführer (Waffen-SS)	Generalmajor
Chaplain	amerikanischer Kaplan (Militärseelsorger)
C.I.D.	amerikanischer Militärischer Geheimdienst (Criminal Investigation Department)
Flak	Flug-Abwehr-Kanone
Fahnenjunker	Offiziersanwärter
Gewehrgranatgerät	Schießbecher, der an der Mündung des Karabiners (98k) angebracht wurde, um damit Wurf- und Sprenggranaten abfeuern zu können
GI	amerikanischer Landser
Halftruck	amerikanischer kleiner Lastkraftwagen
HKL	Hauptkampflinie
HVP	Hauptverbandsplatz (beim Regiment)
Hauptsturmführer (Waffen-SS)	Hauptmann
I.D.-Carte	amerikanischer Militärausweis
Jeep	amerikanischer kleiner militärischer Personenwagen (Kübel)
Kampfzug	Truppe zum Schutz des Bataillonsstabes
Knallerbse (Landserjargon)	Explosivgeschoß, das schon bei geringster Berührung (Grashalm) explodiert. Die Verwendung verstieß gegen die Haager Landkriegsordnung, dennoch benutzten die Amerikaner sie.
Knochensack (Landserjargon)	Springeranzug der Fallschirmjäger

Krad	Kraftrad (Motorrad)
LAH (Kurzbezeichnung)	Leibstandarte Adolf Hitler (Waffen-SS)
Lkw	Lastkraftwagen
MG	Maschinengewehr
MP	amerikanische Militär-Polizei (deutsch: Feldjäger)
MPi	Maschinenpistole
Oberjäger	entspricht Unteroffizier bei Fallschirm- und Gebirgsjägern
Obersturmführer (Waffen-SS)	Oberleutnant
Obersturmbannführer (Waffen-SS)	Oberstleutnant
Oberstgruppenführer (Waffen-SS)	Generaloberst
Pak	Panzer-Abwehr-Kanone
Pkw	Personenkraftwagen
Sani (Landserjargon)	Sanitäter
Sankra	Sanitätskraftwagen
SPW	Schützenpanzerwagen
Sonderführer	Wehrmachtsbeamter im Offiziersrang für Sonderaufgaben
TVP	Truppenverbandsplatz (beim Bataillon)
Unterscharführer (Waffen-SS)	Unteroffizier
Oberscharführer (Waffen-SS)	Feldwebel
Untersturmführer (Waffen-SS)	Leutnant
VW-Kübel	Volkswagen als militär. Personenwagen
Walky-Talky	Sprechfunkgerät

*Übersetzung der Urkunde zur Verleihung des
Europäischen Friedenskreuzes
des Europäischen Frontkämpfer-Verbandes:*

Das Kreuz des Europäischen Frontkämpfer-Verbandes wird verliehen an

Herrn Rudi Frühbeißer

als Anerkennung für seine Mitarbeit im Verband
ehemaliger Frontkämpfer
und für seine Bereitschaft, der Sache der
Vereinigung Europas in Brüderlichkeit,
Frieden und Freiheit zu dienen.

217

UNITED STATES OF AMERICA
U. S. 99th Infantry Division Association

Battle Of The Bulge

Remagen Bridge

Rhineland

Cologne Plain

Ruhr Pocket

Belgian Fourrageres

"Battle Babies"

At the twenty-first Annual Reunion of the Ninety-Ninth Infantry Division Association, held in Pittsburgh, Pennsylvania from July 10th to July 12th, 1970, a motion was made and unanimously passed that

Rudi Frühbeisser

One of the German partcipants in the ceremonies commemorating the Twenty-Fifth Anniversary of the "Battle Of The Bulge" held at Junkerath and Stadtkyll, Germany and also at Lanzerath and St. Vith, Belgium from December 12th to December 14th, 1969, be declared an Honorary Member of the Ninety-Ninth Infantry Division Association.

Brig. General (Ret.) 99th Infantry Div.

President

Secretary

218

Übersetzung der Urkunde, mit der die Aufnahme zum
Ehrenmitglied der 99th US-Infantry-Division, die die
Hauptleidtragende der deutschen Kommando-Einsätze
war, vollzogen wurde:

Auf der 21. Jahresversammlung der Vereinigung der
99. Infanterie-Division, abgehalten in Pittsburg/Penn-
sylvania vom 10. bis zum 12. Juli 1970, wurde der
Vorschlag gemacht und einstimmig angenommen,
daß

Rudi Frühbeißer,

einer der deutschen Teilnehmer an den Feierlichkeiten
zur Erinnerung an den 25. Jahrestag der Kesselschlacht
im Raum Junkerath und Stadtkyll, Deutschland, und
ebenfalls bei Lanzerath und St. Vith, Belgien, die in der
Zeit vom 12. bis zum 14. Dezember 1969 stattfand, zum
Ehrenmitglied der Vereinigung der 99. Infanterie-
Division ernannt wird.

VERLEIHUNGSURKUNDE

IN ANERKENNUNG DER UM VOLK UND STAAT ERWORBENEN

BESONDEREN VERDIENSTE

VERLEIHE ICH

Herrn Rudi Frühbeisser
KRIMINALHAUPTMEISTER

NÜRNBERG

DIE VERDIENSTMEDAILLE

DES VERDIENSTORDENS DER BUNDESREPUBLIK DEUTSCHLAND

BONN, DEN 12. MÄRZ 1976

DER BUNDESPRASIDENT

Scheel

Die Verdienstmedaille des Verdienstordens der Bundesrepublik Deutschland wurde dem Verfasser für seine Arbeit bei der Aufklärung von 1438 Vermißten-Schicksalen des 9. Fallschirmjäger-Regiments verliehen.

Inhaltsverzeichnis

Erleben im Krieg – aus unverstellter Sicht

Werner Jester

Im Todessturm von Budapest 1945

Sowjetische Streitkräfte schlossen am 25. Dezember 1944 die Donaumetropole vollkommen ein. Rund 70.000 deutsche und ungarische Soldaten befanden sich im Kessel von Budapest. Mehrere Entsatzversuche scheiterten. Die Verteidiger, darunter auch der Autor als Angehöriger der Division „Feldherrnhalle", sahen sich einem erbarmungslosen Häuserkampf ausgesetzt, in dessen Verlauf sie vom Stadtteil Pest über die Donaubrücken bis in die Katakomben der Budaer Burg gedrängt wurden. Am 13. Februar 1945 kapitulierten die letzten Einheiten. Budapest wurde zu einem Massengrab für zehntausende Soldaten und Zivilisten. 256 Seiten, 3 Karten, gebunden.
ISBN 978-3-938392-72-0
€ 19,80

Hans von Steffens

Salaam
Geheimkommando zum Nil 1942

In diesem Buch wird das wohl kühnste Kommandounternehmen der deutschen Abwehr geschildert: 1942 gelingt die Einschleusung deutscher Agenten in das britisch kontrollierte Ägypten. Der deutsche Trupp, dem der Autor selbst angehörte, marschiert über Italien, Tunesien und Libyen und überwindet dabei unter anderem 3.000 km Wüstengebiet. In Ägypten gelingen der Aufbau einer verdeckten Funkstelle und der Kontakt zur ägyptischen Widerstandsbewegung. Doch dann nimmt das Unternehmen eine unverhoffte Wendung – und scheitert an den Eitelkeiten der Agenten. 256 Seiten, gebunden. ISBN 978-3-938392-73-7   € 19,80

Erich von Stering

Jeder war ein Stück von uns
Partisanenkampf in Griechenland und Jugoslawien 1944

Dieses Buch beschreibt den Weg einer Kompanie, die sich im Herbst 1944 als Spitze der Heeresgruppe E den Weg von Griechenland über Mazedonien bis nach Sarajewo, mitten durch Titos Partisanengebiet, freikämpft. Du oder ich – diese Notwendigkeit des Krieges steht über diesem harten Buch. Bei allen Entbehrungen und Opfern des Krieges kommen der Sinn für Humor und die kleinen Freuden des Landserdaseins nicht zu kurz. Der Autor erzählt teils leidenschaftlich, teils sachlich-kühl von einer der vielen tadellosen Einheiten, die den Kern der deutschen Wehrmacht bildeten. 256 Seiten, gebunden.
ISBN 978-3-938392-74-4
€ 19,80

Erich von Stering

Wir tragen die Fahne
Panzerjagd in Süddeutschland 1945

Nach ihrer Rückkehr vom Balkan wird die 11. Luftwaffen-Feld-Division zum Panzerjagdkommando umgerüstet. Mit nichts weiter als Tellerminen, Panzerfäusten und einem unbändigen Willen zur Verteidigung der Heimat gehen sie gegen amerikanische Panzereinheiten vor. In den letzten Tagen des Krieges, die schon von allgemeiner Auflösung gezeichnet sind, führen diese Männer mit List und Draufgängertum noch einmal erfolgreiche Schläge gegen den bereits tief im Reich stehenden Feind durch. 240 Seiten, gebunden. ISBN 978-3-938392-75-1   € 19,80

Rainer Langhardt-Söntgen

Partisanen, Spione und Banditen
Abwehrkämpfe in Oberitalien 1943-1945

Die Abwehr führte den sogenannten „Krieg im Dunkeln" – den Kampf gegen Insurgenten und Saboteure hinter der eigentlichen Front. Bei den italienischen Bundesgenossen bot sich ihr ein weites Betätigungsfeld. Erst recht nach der Absetzung Mussolinis am 25. Juli 1943 und der Kriegserklärung Italiens an das Großdeutsche Reich am 13. Oktober 1943 verging kaum ein Tag ohne Sabotageakte. Dieser Band behandelt den Einsatz einer deutschen Einheit der Geheimen Feldpolizei. Sie hob Widerstandsnester aus, setzte Feindagenten fest und eliminierte Saboteure, um den eigenen Truppen den Rücken freizuhalten.
256 Seiten, 2 Karten, gebunden.
ISBN 978-3-938392-76-8
€ 19,80

Diese und weitere Bände der Buchreihe ›Landser am Feind‹ erhalten Sie bei:
Winkelried-Verlag ◊ Postfach 160233 ◊ 01288 Dresden ◊ Telefon & Fax: 0700 – 33 60 51 44
Mehr Informationen unter: www.winkelried-verlag.de

Erich Ludendorff
Der totale Krieg
Theorie und Praxis 1943-45
160 Seiten, viele Abb.
978-3-938392-87-4 € **10,95**

Georg Haas
Brände an der Oder
Kampf um Breslau
272 Seiten, viele Abb., gebunden.
978-3-944060-03-3 € **16,95**

Georg Haas
**Und gaben die
Hoffnung nicht auf**
272 Seiten, viele Abb., gebunden.
978-3-944060-04-0 € **16,95**

Otto Skorzeny
**Meine Kommando-
unternehmen**
448 Seiten, s/w. Fotos, gebunden.
978-3-938392-11-9 € **19,95**

Bernhard Jocher
**Scharfschützen
in der Waffen-SS**
504 Seiten, viele Fotos,
gebunden im Großformat.
978-3-944060-08-8 € **49,80**

Ingo Petersson
Ein sonderlicher Haufen
Die Saga vom
Sturmbataillon 500
240 Seiten, gebunden.
978-3-938392-53-9 € **19,80**

Wade Krawczyk
**Uniformen der
Deutschen Wehrmacht**
128 Seiten, 250 Farbfotos, Großf.
978-3-938392-45-4 € **29,80**

Wade Krawczyk
**Uniformen der
Panzertruppe 1939-45**
128 Seiten, 250 Farbfotos, Großf.
978-3-938392-44-7 € **29,80**

Wade Krawczyk
**Uniformen und
Abzeichen der Waffen-SS**
128 Seiten, 250 Farbfotos, Großf.
978-3-938392-46-1 € **29,80**

Diese und weitere spannende Titel aus unserem außergewöhnlichen Verlagsprogramm erhalten Sie bei:
Winkelried-Verlag · Postfach 16 02 33 · 01288 Dresden · Telefon & Fax: 0700-33605144
post@winkelried-verlag.de · Gesamtprogramm unter: www.winkelried-verlag.de